はじめての
ソーシャルワーク演習

「はじめてのソーシャルワーク演習」編集委員会 編

ミネルヴァ書房

まえがき

　近年の社会福祉関連法制度の改正に伴い，社会福祉士および精神保健福祉士，つまりソーシャルワーカーに求められる専門性も資格創設当初に比べ大きく変化してきています。かつて社会福祉援助技術と呼ばれたソーシャルワーカーの専門技術は相談援助技術と変換され，2021年からはソーシャルワーク（技術）と示されることになりました。ソーシャルワーカーがクライエントに提供する支援と，そこで求められる専門技術は「ソーシャルワーク」であり，社会福祉士や精神保健福祉士はその技術に特化した専門職であるといえます。また，そうなることが期待されています。

　社会に，またソーシャルワーカーを必要としているクライエントに応じることを目的にソーシャルワーク（技術）に関し専門的にトレーニングする機会となるのがソーシャルワーク演習であるといえます。本書は，厚生労働省が示す「ソーシャルワーク演習のねらいと含まれるべき教育内容」，また社会から必要とされるソーシャルワーカー養成に必要な教育内容を盛り込み，ソーシャルワーク演習として総合的・継続的に使用できる内容となっています。

　ソーシャルワーク演習のプログラムを考える際，その指針の一つとなるのは，前述した厚生労働省の通知に示される教育内容と解されますが，実際の演習授業における展開は，それぞれの養成校の担当教員に任されています。演習を複数の教員で担当する場合は，当然のことながら，それぞれの教員が互いの思惑をもって演習を展開することとなります。そのことによって，取り扱う演習内容に濃淡が生じてしまうことが考えられます。演習を担当する教員が連携を図り，150時間のソーシャルワーク演習の連続性をもって，効果的に展開されることが望ましいと考えられます。

　また，いわゆるケースワーク，グループワーク，コミュニティワークと，それぞれ学習が分断的になり，相互の関係性が薄れてしまうことが考えられます。したがって本書では，学習者が学ぶべきソーシャルワークの価値と知識，技術について，段階的に，かつ総合的に学習することを目的としています。また，それを提供する演習担当教員が，常に演習教育の全体像を確認しながら教育内容を展開できるようにするものです。そのような本書は，以下に示すような特徴を持っています。

　　①「演習」であることを念頭に，ディスカッションやグループワーク，ロールプレイ等，受講者が主体的に学習するためのワークを中心としている。

② 授業の１コマ90分をパッケージに展開されたものを基本とする。一つひとつの
　　演習課題は90分で展開され，それらを第１章から第３章まで章ごとに15回展開す
　　ることを想定している。

　　以上を踏まえ，本書は以下の構成をとります。まず第１章「ソーシャルワークの基
礎」は，ソーシャルワーク実践に必要な利用者理解，集団や地域（コミュニティ）の基
本的な理解の涵養を図ることを目的としたものです。

　　第２章は「ソーシャルワークの発展」とし，第１章を踏まえて，ソーシャルワーク実
践の専門性を概念，またワークを通じて実践的に学ぶことができます。

　　そして第３章を「ソーシャルワークの実践」とし，「個人に対するソーシャルワーク」
「集団に対するソーシャルワーク」「地域に対するソーシャルワーク」，そして「総合
的・包括的なソーシャルワーク」という観点から，事例を用いてそれまでの学びを横断
的，実践的に再確認することを目的としています。

　　また，第１章から第３章の各段階で「個人」「集団」「地域」の相互性について意識で
きるよう構成されています。

　　本書がソーシャルワークを学ぶ通学課程の学生，通信教育課程の学生，またすでに実
践に取り組む現場のソーシャルワーカーの知識と技術の向上に貢献することを願ってい
ます。

2020年３月

北爪克洋

はじめてのソーシャルワーク演習

目　次

まえがき

第1章

ソーシャルワークの基礎

1 オリエンテーション
──学習目標の明確化と規範・個人の役割を確認する

1 ねらい

　ソーシャルワーク演習は，演習Ⅰ〜Ⅴと1年次から4年次まで断続的に学習するよう構成されています。これらの演習の主な学習方法は，グループ討議，文献調査，社会調査，情報収集，面接技法やグループワークのロールプレイ，モデリング等の多様な方法を用いてソーシャルワーク実践の知識と技能を具体的に学習することを目的としています。

　本章は「ソーシャルワークの基礎」という位置づけとなり，個人（ケース），集団（グループ），地域（コミュニティ）といった，いわゆるソーシャルワーカーが支援の対象とするクライエントシステムについて基礎的な理解を図るとともに，働きかけの方法としての基本的なコミュニケーション，システムの特徴について学習します。

　本章が終了した時点で，下記の目標を達成することが期待されます。

① 自己覚知への取り組みを通じて，自分自身，集団の中での自身，また地域生活における自身について明瞭な説明ができる。

② コミュニケーションの構造を理解し，基本的なコミュニケーションを実施することができる。

③ 基本的な面接技術について説明ができる。

④ ソーシャルワーク・プロセスについて説明することができる。

⑤ ソーシャルワーク実践に必要となる記録についてその特性を説明することができる。

⑥ 集団（グループ）の特質，グループダイナミクス，グループワークのプロセスについて説明することができる。

⑦ 地域（コミュニティ）に関する理解と，その定義・役割，機能についてプレゼンテーションを実施することができる。

　本節では，上記に示す目標を確認した上で，それらの学習に向けた演習クラス（チーム）での合意（契約）と，学習者相互の理解，また，それぞれの役割について確認を行うことを目的とします。

表1-1　社会福祉士・精神保健福祉士国家試験の指定科目

(1)　共通科目	
・人体の構造と機能及び疾病 ・社会理論と社会システム ・地域福祉の理論と方法 ・社会保障 ・低所得者に対する支援と生活保護制度 ・権利擁護と成年後見制度	・心理学理論と心理的支援 ・現代社会と福祉 ・福祉行財政と福祉計画 ・障害者に対する支援と障害者自立支援制度 ・保健医療サービス

(2)　専門科目	
社会福祉士	精神保健福祉士
・社会調査の基礎 ・相談援助の基盤と専門職 ・相談援助の理論と方法 ・福祉サービスの組織と経営 ・高齢者に対する支援と介護保険制度 ・児童や家庭に対する支援と児童・家庭福祉制度 ・就労支援サービス ・更生保護制度	・精神疾患とその治療 ・精神保健の課題と支援 ・精神保健福祉相談援助の基盤 ・精神保健福祉の理論と相談援助の展開 ・精神保健福祉に関する制度とサービス，精神障害者の生活支援システム

２　概　　念

　社会福祉士や精神保健福祉士，つまりソーシャルワーカーになるための学習課程には，その専門知識や技術の習得に必要な人や環境，人間行動と社会環境に関する様々な科目が設定されています。端的に示すならば表1-1に示す社会福祉士，精神保健福祉士国家試験の指定科目がソーシャルワーク実践を行うために必要な最低限度の知識であるといえます。これらの概念，制度，また原理等は，就学期間を通じて「講義」形式にて学ぶことになります。一方で，ソーシャルワーク実習（相談援助実習），また精神保健福祉援助実習といった「実習」では，大学等養成校で学ぶ概念，制度，原理等がどのように実践の現場で展開されているのかを仮定的，体験的，また実践的に学習することになります。この「講義」と「実習」との懸け橋となるのが「演習」という学習形式といえます。「講義」という大学等養成校内での学習と，「実習」という現場に身を置く学習との統合化を図るための実践的トレーニングの機会であり，学んだ概念や法制度，原理や理論の実践現場での運用方法について参加者がロールプレイ等を通じて主体的に学ぶのです。

　社会福祉サービスを必要とする人々の生活にかかわり，その問題に応じるソーシャルワーカーには，やはり生活に関する広範な知識が求められます。第1章を含めた演習での学習を行う中で，次のような演習教育の意義を意識することが大切です。

　　①　関連科目に関する総合的で分野横断的な理解

② 実践力の獲得

③ 実習に対する予備的学習

④ 実習での追体験を通じた知識と技術の一般化

3 ワーク

（1）チームメンバーを知る①

　これからの演習を展開していく中で，共に学習するクラス（チーム）のメンバーのことを知るのは大切なことです。そこで，クラスの中で2人組，もしくは3人組をつくり，互いに自己紹介を行います。自己紹介の内容はどのような事でも構いません。しかし，名前は必ず言うことにします。その他は，自分の趣味や興味を持っていること，将来の夢，ソーシャルワーカーを目指すきっかけ等自由です。1人1分で自己紹介を行います。

（2）チームメンバーを知る②

　互いに自己紹介が終わったら，次にいわゆる「他己紹介」を行います。みなさんは，プロスポーツの試合等でのヒーローインタビューを見たことがあるでしょうか。演習においては，メンバー全員がヒーローです。そこで，先程相互に自己紹介を行ったペアの人を対象に，クラスの他の人達へ向けたヒーローインタビューを実施します。「放送席，今日のヒーローは，○○が得意な××さんです！」といったように。1人につき1分のヒーローインタビューを実施しましょう。

（3）私のこと

　お互いのことを知ることができたら，改めて自分自身について考えてみます。演習では高い頻度でロールプレイやメンバーとのディスカッションがあります。それらの学習活動を通じて自身の対人的なスキルを向上させることが重要です。そこで，現在の自分自身の学習活動に活用できそうな得意なこと，また苦手なこと，チャレンジしたいことを表現してみましょう。

私のこと	
得意なこと	
苦手なこと	
チャレンジしたいこと	

（4）講義での学び

　これまでに学習（履修）した科目を取り上げ，その内容と学びについてまとめてみましょう。またその内容をグループメンバーに発表しましょう。

科目名	内容と学び

4　解説とまとめ

　ソーシャルワーク演習では，より一層，学習者の主体的，積極的な学びが期待されます。多くの場合，演習のクラスにて体験や議論を深める中で専門性を獲得していくことになります。まずは共に学ぶメンバーを知り，その中でコミュニケーションを高めていく必要があります。同時に，他者との円滑で建設的な人間関係形成と，それらを実現するためのコミュニケーションや思考の言語化についてワークを通じて学習していきます。スタートラインである現在は，まず，自身の特徴について理解した上で，演習による学習活動のベースを理解することが重要です。また，ソーシャルワーク演習で取り扱う事例やワークの中には，自分自身が直面したことのある課題や，自身が消化しきれていない悩み等が含まれている場合があります。そのような点に気づいた際には，演習を担当する教員へ伝えることが必要です。

　これまでに，また今後，講義等を通じて学習する内容は，最終的にはクライエント支援に向けて使用（運用）するためのものであり，かつそれぞれの科目は分断されたものではなく，相互に関連性を有しているものです。講義等で学習した専門的な知識をまずは理解した上で，その知識をクライエント支援のために運用する視点と術について，演習を通じて意識しましょう。

参考文献
　日本社会福祉士養成校協会演習教育委員会「相談援助演習のための教育ガイドライン（案）」
　　2013年。

2 自己覚知（個人）
——専門職である自己の価値観・思考傾向を考える

1　ね ら い

　自己覚知とは，ソーシャルワーカー自身が意識的に自らのことを深く知り，自己理解を目指すことです。支援場面において，ソーシャルワーカーの価値観，感情，思考，反応傾向などが反映されやすく，ソーシャルワーカーの言動はクライエントに大きな影響を与えます。そのためソーシャルワーカーは，自身がもつ知識や態度，姿勢，価値観や考え方，信念や性格や行動パターンなどをよく理解しておくことが必要となります。ここでは，自己覚知を深めるために，演習を通して自分自身を受け入れることや他者を受け入れることを学びます。

2　概　　念

　渡部は，自己覚知・自己理解のための視点を次の5つにまとめています。

（1）自分が家族の一員として果たしてきた役割や家族観の理解

　「子が親の介護をするのは当たり前」，「母親は子どもを愛さなくてはいけない」など，このような家族観は，多かれ少なかれ自分の育った家族の影響を受けています。その影響を自ら自覚しておかなければ，ソーシャルワーク実践において私的な判断が入り込み，クライエントのためでなく，ソーシャルワーカー自身のニーズを満足させるものとなってしまいます。そのために，家族の中の自分の役割や家族間での愛情の表現のしかた，支援の求め方，怒りの表現の仕方，しつけのされ方，家族から学んだ大切な教訓，理想の家族について考えることです。

（2）自分自身や家族が外の世界や他者とどのようなかかわり方をしているかの理解

　私たちが生活をしていくなかで，さまざまな人や団体，組織，すなわち自分を取り巻く環境と多様な関係を持っています。そして，生きていくために必要な多くの要求や欲求を関係を通して満たしています。関係は，私的関係（家族，友人，恋人関係など），社会的関係（学校・職場との関係）に大別されます。それぞれの関係には，物理的・精神的・

社会的等何らかの利益や負担が伴います。

（3）自分がどの程度自分を受け入れ評価できているかの理解

　自己評価が低く，常に自信がなく自分を受け入れることができない人は，その思いを相手にも投影してしまい，支援に影響を及ぼしてしまいます。そのため，自己の価値観に気づくことが重要となりますが，他者との関係からもたらされる他者の反応やフィードバックからも気づきや発見があります。

（4）他者の受け入れがどの程度できているのかの理解

　クライエントは自分とは異なる価値観や生い立ち（生活史）を持っています。ソーシャルワーク実践において，他者をどのように見ることができるのか，また他者とどのような関係を結ぶことができるのかという「他者の受け入れのしかた」のパターンは，支援関係形成のみならず，クライエントのアセスメントに大きな影響を与えます。

（5）言いたいことを表現する力の理解

　ソーシャルワーカーは言語によるコミュニケーションを中心に活動をしています。正確な情報をクライエントに理解していただけるよう伝えることが求められます。

3　ワーク

（1）漢字で「自分」を表現し自己紹介する

１．これから，「自分はこういう人です」という自己紹介をしましょう。まずは下の枠の中に大きく1文字の漢字で「自分」を表現しましょう。

（漢字1文字）

２．書けたら，周囲の人とお互いに見せ合いながら自己紹介をしましょう。1文字の漢字を見せて「自分はこういう人です」と知ってもらいましょう。

３．振り返り

1．あなたは自分をうまく表現することができましたか。
2．相手に自分を紹介したり，相手の紹介を受けたりした時のあなた自身の気持ちを　書いてみましょう。

（2）同じ選択をした人とは気が合うかを知る

１．今から教員が４つの選択肢を伝えます。必ずどれか最も好ましいと思うものを１つ選びましょう。次に，選んだ選択肢の所へ集まりましょう。

　　選択肢の例　・兄弟姉妹（長女，長男，上から２番目，上から３番目以降）

　　　　　　　　・好きな季節　（春，夏，秋，冬）

　　　　　　　　・通学時間（30分以内，30〜60分，60〜90分，90分以上）

２．同じものを選んだ人同士で選択した理由を話し合いましょう。

３．振り返り

１．あなたは自己決定がうまくできましたか。
２．同じ選択をした人同士が話し合うことで，気づいたことや感じたことを書いてください。

（3）私シート

１．「私は……」で始まる文章を思いつくままに10個書いてください。自分自身について思い浮かぶ内容を簡単な名詞や形容詞，動詞などを使って完成させましょう。

２．ワークシート左端の（　）にそれぞれ完成した文について，自分にとって肯定的な内容に思える場合は（肯），事実関係に基づく中立的な内容は（中），否定的に思える内容は（否），両面的な内容（肯定的でも否定的でもある）には（両）と記入しましょう。

３．作成した「私シート」の中で，本日の段階で一番自分らしさを表現できていると考える内容を１つ選んで，書き出しましょう。

私シート　（　　）１．私は……＿＿＿＿＿＿＿＿＿＿＿＿＿＿＿＿＿
（　　）２．私は……＿＿＿＿＿＿＿＿＿＿＿＿＿＿＿＿＿
（　　）３．私は……＿＿＿＿＿＿＿＿＿＿＿＿＿＿＿＿＿
（　　）４．私は……＿＿＿＿＿＿＿＿＿＿＿＿＿＿＿＿＿
（　　）５．私は……＿＿＿＿＿＿＿＿＿＿＿＿＿＿＿＿＿
（　　）６．私は……＿＿＿＿＿＿＿＿＿＿＿＿＿＿＿＿＿
（　　）７．私は……＿＿＿＿＿＿＿＿＿＿＿＿＿＿＿＿＿
（　　）８．私は……＿＿＿＿＿＿＿＿＿＿＿＿＿＿＿＿＿
（　　）９．私は……＿＿＿＿＿＿＿＿＿＿＿＿＿＿＿＿＿
（　　）10．私は……＿＿＿＿＿＿＿＿＿＿＿＿＿＿＿＿＿
○本日のベスト１

4 解説とまとめ

　本節では，自己覚知について演習を通して学んできました。前項（1）では，自分について考え，それを他者に伝えることで自己覚知と自己開示の体験をしました。自分自身を漢字1文字で表現することで，自分の性格や他者に伝えたいことを改めて考える機会になったと思います。またそれを他者に伝えた時の気持ちはいかがだったでしょうか。前項（2）では，自己決定の体験とともに，自分を見つめ直す機会となったと思います。また同じ選択をした者同士が選択の理由を話し合うことで，共感すること，あるいは異なる価値観を背景とする場合もあることが見えてきたかもしれません。前項（3）では，普段なにげなく感じている事や考えている事を言語化することによって，今まで気づかなかった自分に出会うきっかけになれば嬉しいです。

　最後に，自己覚知のプロセスを紹介します。最初の段階は，活動など表面レベルで自己観察，自己洞察と言われています。あたかも他人を見るように，できる限り自己を冷静に観察してみてください。次は感情レベルでの段階です。この段階は，支援的な自己活用と自己制御に向けた自分の感じ方，考え方，行動（反応）の仕方，及びそれらを自分でどのように捉え，評価しているのかなどについての感情を伴う理解です。そして自己受容の段階となります。気づいた自分を認め，自身が自身を受容していく過程です。自己を深く見つめるという体験は，人間の深み，複雑さを考える契機となり，より深いレベルでのクライエント理解の視点を形成します。

注
(1)　渡部律子『「人間行動理解」で磨くケアマネジメント実践力』（ケアマネジャー@ワーク）中央法規出版，2013年，32-38頁。

参考文献
山田容『対人援助の基礎』（ワークブック社会福祉援助技術演習①）ミネルヴァ書房，2007年。
対人援助実践研究会HEART編『77のワークで学ぶ　対人援助ワークブック』2003年，久美。

3 個人へのコミュニケーション
—基本的コミュニケーションを理解する

1 ねらい

　伝えたいことがうまく伝わらない，勘違いされて伝わってしまうという経験はありませんか。人と人とが関わる上で，「コミュニケーション」は欠くことのできないものですが，「旧知の仲」であっても，お互いのコミュニケーションに齟齬が生じることがあり得ます。コミュニケーションは，援助技術の根幹をなすものであり，相談援助実践において高い技術が求められるものです。「コミュニケーション」を理解し，より良いコミュニケーションを実践するための基礎を学習します。

2 概　念

　コミュニケーションの定義は，多様であり研究者間でも統一されたものはありません。しかしながら，コミュニケーションの特徴として「①人と人との間（関係）で，②意図をもってなされる，③情報伝達の，営み・過程である[(1)]」ことを挙げることができます。この③の特徴である情報伝達の過程としてとらえる有名なモデルにシャノン（C. E. Shannon）らの提唱したものがあります[(2)]（図1-1）。このモデルを“SOS”というメッセージをモールス信号で伝える場合を例にとって説明します。このメッセージをモールス信号というメディアに入れるためにコード化（モールス信号による約束事）します。“S”は短い信号の3連続「・・・（トン トン トン）」に，“O”が長い信号の3連続「― ― ―（ツー ツー ツー）」に対応するというモールス信号の約束事（コード）に沿って情報発信者が入力します。もし，ここで約束事が発信者と受信者で異なっていると，例えば受信者の方で「・・・」は“D”と「― ― ―」は“A”と認識されると“DAD”という全く違うメッセージを受け取ることになります。つまり伝えたいことを共有するためには同じコードを共有することが求められるのです。例えば，「日本語」と「英語」は言語も違いますし，文法的な言葉の組み合わせ方も違います[(3)]。さらに，このモデルでは，ノイズの混入を想定しています。このモデルは機械間の通信のために提唱されたもので，ノイズ（雑音）という言葉を使っていますが，人間のコミュニケーションにも，阻害要因があります（表1-2）。コミュニケーションの阻害要因は主に3つに分けることができます。特に心理的雑音は，受信

図1-1　コミュニケーションモデル

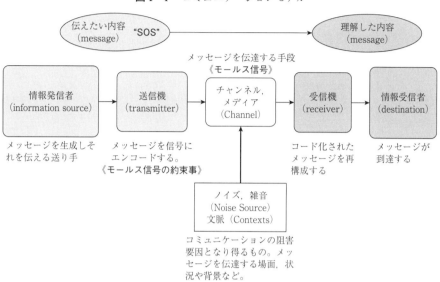

出所：Shannon（1998），辻・是永・関谷（2018）を基に筆者作成。

表1-2　コミュニケーションの阻害要因となるノイズ

物理的雑音	大きな音や耳障りな音など音に関係したもの，不適切な温度や汚れた空気，悪臭の漂う環境，不適切な光の強さや照り返しなど，コミュニケーションをとる際の妨げとなるその場の物理的な状況
身体的雑音	疾病による聴力の障害，言語の障害，発音の不明瞭さ，話し言葉の障害など，身体的障害があるためにコミュニケーションが妨げられている場合
心理的雑音	偏見や誤解に基づく先入観，心理的な状態（怒りや疲れ，関心の無，緊張，恐怖心など），心理的な防衛機制（自己概念が脅かされたとき，自分自身が壊されたり傷ついたりしたとき，急激な変化に直面したときなどに，無意識的に働く）など，送信者，受信者のネガティブな心理的状態

出所：介護福祉士養成講座編集委員会編『コミュニケーション技術 第3版』（新・介護福祉士養成講座⑤）中央法規出版，2016年，11頁に筆者が一部加筆。

のその時の心理的要素（疲れている，怒っているなど）が大きく影響することを理解しておきましょう。さらに，人間のコミュニケーションには，表情やしぐさといった非言語的コミュニケーションもあります（表1-3）。言語的コミュニケーションと非言語的コミュニケーションにおける実験結果として著名なものにメラビアンの法則があります。メラビアンによると，人と人とが直接顔を合わせるコミュニケーションには，「言語（言葉による感情表現）」「声のトーン，調子（声による感情表現）」「態度（顔による感情表現）」の3つの要素があるとし，3つの要素は，メッセージに込められた意味・内容の伝達の際に占める割合が異なることを示しました。また，これらの要素が矛盾した内容を送っている状況においては，「言語」がメッセージ伝達に占める割合は7％，声のトーンや調子は38％，態度は55％とする実験結果[4]を示し，コミュニケーションにおける非言語的要素の重要性を指摘しました。

表1-3　コミュニケーションの種類

言語的コミュニケーション		話し言葉，書き言葉や手話といった言葉を伝達手段としたメッセージのやりとり。文字盤を利用して，筆談での会話も言語的コミュニケーションに含まれる。
非言語的コミュニケーション	身体的特徴	体型，毛髪，皮膚の色など。
	身体的伝達行動	顔の表情，視線，姿勢，ジェスチャー，手足の動きなど。
	接触行動	握る，なでる，叩くなど。
	近接空間	空間，距離など。
	物品	服装，髪型，化粧，持ち物など。
	環境要素	場所，家具，装飾品，照明や光，温度，壁の色など。
	パラランゲージ・副音声	声のトーン，高さ，速さ，リズム，抑揚，音声の特徴，笑い声，泣き声，沈黙（間），時間の使い方など。

出所：篠崎恵美子・藤井徹也『看護コミュニケーション　基礎から学ぶスキルとトレーニング』，医学書院，2015年，21〜23頁を基に筆者作成。

3　ワーク

（1）ペアを作り自己紹介（各1分間）

1．2人で向かい合います。1人が立ち，1人が座り，お互いの名前，好きな季節，嫌いな季節とその理由を伝えましょう。

2．次に，1人が座り，1人がその人の後ろに立ち，お勧めの場所やものとお勧めの理由を伝えましょう。

3．次に，ひざとひざがくっつくぐらいの距離に座り，昨日やったことを伝えましょう。

振り返り：位置の違いによる気持ちの違いについて感想を述べましょう。

（2）非言語的要素の体験

1．2人で立ちます。身体と身体がくっつくぐらいのところから徐々に離れながら，居心地がよいと感じる位置を決めましょう。居心地がよいと感じるところで座ります。

2．話し手，聴き手を決めましょう。話し手は，自分の趣味や，好きなことなど話したいテーマを選び，聴き手に話しましょう。聴き手は，話し手の方を見ずに（下を向いたり，横を向いたり）黙って聞きましょう。（3分間）

感　想

３．話し手は話を続けます（話題は変えてもよい）。聴き手は，相手の方に視線を向け，（適度に視線をそらしながら），相手の話をうなずきながら，聞きましょう。（3分間）

感　想

４．話し手は話を続けます。聴き手は，３．の姿勢のまま，もっと知りたいということを伝えるために，知りたいところで質問をするようにしましょう。（3分間）

感　想

５．「２．」～「４．」の聴き手の姿勢の違いによる話し手の感想を振り返りましょう。

4　解説とまとめ

　関係性の質とコミュニケーションの質は互いに深く影響しています[(5)]。つまり，より良いコミュニケーションは，より良い関係性を築くために不可欠なものなのです。前項（1）では，コミュニケーションをとるときの位置が，物理的雑音として影響することを実感できたでしょうか。どのような位置にあることが，互いのコミュニケーションを促進させるのか，クライエントとのコミュニケーションを図る際に設定すべき環境（立ち位置）について考慮することが重要です。

　また，前項（2）では，非言語であっても，一生懸命聴く姿勢とそうでない姿勢は，話す側の気持ち（心理的雑音）に影響を与えることが実感できたでしょうか。コミュニケーションはキャッチボールです。言葉というボールが互いに行き来するようにとらえられがちですが，行き来するのは言葉のボールだけではありません。視線や目線，動作といった非言語も言葉のボールにのって相手のもとへ投じられるのです。

　円滑なコミュニケーションを図るには，お互いが伝え合おう，わかり合おうとする態度が大切であり，その環境を整えるための技術がワーカーには求められます。

注
(1)　辻大介・是永論・関谷直也『コミュニケーション論をつかむ』有斐閣，2018年，4頁。
(2)　Shannon, C. E. "Commuication in the Presence of Noise" *Proceedings of the IEEE* 86(2), 1998, p. 447.
(3)　辻ら，前掲書，5-6頁。
(4)　A・マレービアン／西田司訳『非言語コミュニケーション』聖文社，1986年，98頁。
(5)　Koprowska, J. *Communication and Interpersonal Skills in Social Work Second Edition*, Learning Matters, 2005, p. 6.

4 面接技法①
── 言語・準言語・非言語の意義と効果を理解する

1 ね ら い

　本節では，面接におけるコミュニケーション，特に，言語・非言語・準言語の意義と効果について理解した上で，コミュニケーション技術をトレーニングし，実践に活かせる技術の習得を目的とします。

　これまで学んだ知識としての面接の準備（基本的姿勢及び態度）が整った段階で，実際の面接に移行することになりますが，面接では，コミュニケーションを駆使してクライエントとの関係を築き，支援を展開していくことになります。コミュニケーションは，「技術」であり，その技術のトレーニングが必要となることを認識しましょう。

2 概　　念

　コミュニケーションを通して信頼関係を構築するためにはメラビアンの法則やミラーリング，Yes Set などの知識が必要となります。

　1971年にアメリカの心理学者アルバート・メラビアンが提唱したメラビアンの法則は，人物の第一印象は初めて会った時の 3 〜 5 秒で決まり，またその情報のほとんどを視覚情報から得ているというものです。具体的には，初対面の人物を認識する割合は，「見た目／表情／しぐさ／視線等」の視覚情報が55％，「声の質／話す速さ／声の大きさ／口調等」の聴覚情報が38％，「言葉そのものの意味／話の内容等」の言語情報が 7 ％と言われています。

　またミラーリングとは，相手の姿勢や座り方，見振り・手振り，表情，動作を鏡合わせのように真似ることで，聞き手が話し手を理解する技法です。相手が前のめりで話をしている際は，聞く側も前のめりで話を聞き，相手が悲しそうな表情をした際は，こちらも悲しそうな表情で返します。それによって，相手と同じテンションで話を聞いていることを表現することができます。

　そして Yes Set とは相手が必ず Yes（はい）の返事を返すような問いかけを重ね，徐々に別のところに導いていく技法です。小さな Yes を続けることによって，No と言いづらい状況になるという特徴を活かした会話の技法です。Yes Set の質問は，会話の

流れ／リズムをつくるものであることをポイントにすることや，Yes Set の順番を考え
て行うことが大切です。

　このような言語・非言語・準言語に関する知識を理解した上で，信頼関係構築のため
のコミュニケーション技術が求められます。

③ ワーク

（1）コミュニケーションを意識する

　自分が人と話をする時に気を付けていること，逆に気を付けてもらいたいことを書き
出しましょう。

自分が気を付けていること	相手に気を付けてもらいたいこと

（2）ミラーリングワーク

　2人組になり話し手と聴き手を決めます。話し手は聴き手に3分間好きな話をします。
聞き手はミラーリングを意識して話を聴きます。ミラーをするポイントは，非言語のコ
ミュニケーションのすべて（相手の姿勢や座り方，見振り・手振り，表情，動作など）です。
特に，相手の呼吸を合わせることを心がけましょう。

（3）Yes Set ワーク

　会話のリズムを作ることを意図した面接技術の一つである，Yes Set をワークとして
行います。2人組になり，相手が深く考えずに「ハイ」と答えられる質問を5つ以上考
えます。その際の注意として，相手が嫌な気持ちにならない「ハイ」を意識してもらう
ことです。例えば「人間ですよね？」「男性／女性ですよね？」など聞くまでもない当
たり前のことは避けるようにします。

　　例「○○さんですよね？」「はい」
　　　「本日はお越しいただきましてありがとうございます」「はい」
　　　「今日は○○の件でということだったかと思いますが…」「はい」
　　　「どうぞよろしくお願いします」「はい」

各自が作成した Yes Set を隣の人に実際に聞いてみて，「はい」と言ってくれるかどうかを確認します。

（4）一連の流れのトレーニング

　一連の流れをトレーニングします。言語・非言語・準言語，ミラーリング，Yes Set を使って「卒業後の進路希望」についての会話をしましょう。

（5）自身の課題への気づき

　やりにくく感じた部分はどんなところだったでしょうか？　また，次回はどのようにすれば上手くできそうですか？あなたの意見を書きましょう。

（6）ま と め

　今までの自分流の会話の流れと，技術を意識した会話の流れの違いでは，どこがどのように変わってくると感じたのかまとめとして記述しましょう。

4　解説とまとめ

　ソーシャルワーカー（対人援助職）がコミュニケーションを取る対象や場面は，クライエント，同僚，あるいはミーティングの場面など多くあり，逆説的に言うと，コミュニケーションを取らない日はないといっても過言ではありません。ソーシャルワークの専門職として，己の発言一つひとつに根拠をもって対応できるようになることは，非常に重要なことであるとともに，一つひとつの知識及び技術を駆使していけるようになることが求められます。

　これまでみてきた通り，ソーシャルワーカーは，言語・非言語・準言語の3つのコミュニケーション技術を駆使して相手との信頼関係を構築し，援助を展開していきます。例えば前項（2）で行った，聞き手が話し手の姿勢や座り方，見振り・手振り，表情，動作を鏡合わせのように真似ることで，聞き手は話し手を理解することに努めます。また前項（3）では「今日はいい天気ですね」「今日は寒い／暑いですね」といった質問は注意が必要です。なぜなら，個人的主観を伴う Yes Set は相手が必ず「はい」と言う確証が無いためです。

　当然コミュニケーションの流れや環境設定なども重要ですが，本節では，上記3つの技術を向上させることを目的としてトレーニングを行いました。特に非言語の技術が相手に与える影響が大きいことを踏まえて，相手の話をきちんと聴く姿勢をはじめとした様々な技術が習得できるように，今後も経験を積んでいきましょう。

参考文献
岩間伸之『対人援助のための相談面接技術——逐語で学ぶ21の技法』中央法規出版，2008年。
ソーシャルワーク演習研究会編『すぐに使える！　学生・教員・実践者のためのソーシャルワーク演習』ミネルヴァ書房，2018年。
日本医療社会福祉協会『保健医療ソーシャルワークの基礎——実践力の構築』相川書房，2015年。
Neuro Linguistic Programming（NLP）神経言語プログラミング協会【不詳】。

5 ソーシャルワークのプロセス①
――全体像を理解する

1 ね ら い

　ソーシャルワークのすすめ方は，ケースワークの母といわれた M. E. リッチモンド（M. E. Richmond）の時代から，一つのプロセスに基づいて実践していくという考え方が一般的でした。ソーシャルワークは 8 つのプロセスに沿って行われます。ここでは，演習を通してソーシャルワークのプロセスの流れを理解するとともに，それぞれのプロセスの内容と果たすべき役割を学びます。

2 概　　念

　ソーシャルワークのプロセス（展開過程）として，一般的に次の流れで進めていきます。

　　①ケースの発見⇒②インテーク（受理面接）⇒③アセスメント（事前評価）⇒④プランニング（支援計画の作成）⇒⑤インターベンション（支援の実施）⇒⑥モニタリング（経過観察）⇒⑦エバリュエーション（支援に対する評価）⇒⑧ターミネーション（支援の終結）

（1）ケースの発見
　ソーシャルワーカーが問題を抱えるクライエントを発見する，支援の一番はじめの段階です。ケースを発見するパターンは，①クライエントが支援を求めてソーシャルワーカーのところへ相談に来る場合，②ソーシャルワーカーが問題に気づく場合，③他機関から紹介がある場合の 3 つがあります。

（2）インテーク（受理面接）
　ソーシャルワーカーとクライエントがはじめて出会う段階です。第 1 章 3・4 節で学んだ面接技術を活用しつつ，ラポールの形成（信頼関係の構築）を心がけ，ケースの概要を把握します。そのうえで，ソーシャルワーカーがクライエントに支援を行っていく意思表示をすること，すなわちケースの「受理」を行います。

（3）アセスメント（事前評価）

　アセスメントは，問題解決のためのプランニングをするために，クライエント自身やクライエントを取り巻く環境，さらにクライエントが抱えている問題の状況を正確に把握する段階です。これらの情報からクライエントの解決能力を見定め，問題解決の方針や方法を検討することから，事前評価とも呼ばれています。

　アセスメントは，①必要な情報を集める，②集めた情報の整理・分析を行う，③解決すべき課題や問題を明らかにする，の順に行います。

（4）プランニング（支援計画の作成）

　アセスメントに基づいて，①目標設定をする，②実際に支援をいつどこで誰がどのように行うか，具体的な支援内容を計画する段階です。

（5）インターベンション（支援の実施）

　計画を実行に移す段階です。ソーシャルワーカーが行う支援としては，①クライエントに直接働きかける場合，②クライエントを取り巻く環境に働きかける場合，③その両方に働きかける場合の3つがあります。

（6）モニタリング（経過観察）

　支援の経過を見守る段階です。計画に基づいて実行されているか，クライエントや環境に予想された変化が起こっているか見守ります。今行っている支援がうまくいっていない，あるいは効率が悪い場合は，再度アセスメントを行い，計画の見直しを行うことが必要となります。

（7）エバリュエーション（支援に対する評価）

　問題解決がなされ，これ以上の支援を必要としないと判断された場合の段階です。この評価はモニタリングとは異なり最終的な評価であり，目標の達成度合いや活動の効果を測り，その終結を決定することを目的としています。

（8）ターミネーション（支援の終結）

　支援が終了し，クライエントとソーシャルワーカーの支援関係が終結する段階です。終結には，3つのパターンがあります。①問題が解決，改善された場合，②クライエントの事情により終了となる場合，③ソーシャルワーカーの事情により終了となる場合，があります。

　ケースによっては終結後も支援を行い，他機関・他施設等を紹介する場合があります（アフターケア）。

　２人１組となり，以下の事例を踏まえ，ソーシャルワークのプロセスに沿って旅行計画を立ててみましょう。

┌─ 事　　例 ─────────────────────────────
　社会福祉学部２年のＡさんは，今度の長期休み（夏休みや春休み）に旅行に行きたいと思っているが，どこに行こうか悩んでいます。Ａさんは，友人のＢさんに相談しました。
└─────────────────────────────────────

（1）インテーク

　Ａさん役とＢさん役に分かれ，Ｂさん役はＡさん役から今悩んでいることを聞いてみましょう。

（2）アセスメント（情報収集）

１．２人で旅行計画を立てるために，どんな情報が必要なのか話し合ってください。
２．Ｂさん役とＡさん役に分かれ，Ｂさん役は，１．で話し合った必要な情報をＡさん役から収集してみましょう。

（3）アセスメント（分析）

　（2）「2.」で得た情報を整理し，旅行先を決定してみましょう。

（4）プランニング（計画立案）

　具体的な旅行計画書を作成してみましょう。

１．目的地 　　旅のタイトル
２．旅の目的
３．参加者
４．日　　程
５．移動手段
６．費　　用
７．その他

4　解説とまとめ

　本節では，ソーシャルワークのプロセスに沿って，旅行計画を立案しました。

　インテークでは，まずソーシャルワーカーから自己紹介をします。その際，名前，所属機関，役割をわかりやすく名乗ります。次に，相談内容を聴きます。切り出し方の例として，「よろしければ今お困りのことについてお聞かせ下さい」などがあります。

　アセスメントでは，まず情報収集を行います。前項（2）では，どんな情報が必要なのか話し合いをしました。例として，行きたい場所，旅の目的，日程，人数，交通手段，予算などが考えられたと思います。更に，過去の旅の思い出や将来行ってみたい場所，旅行中の心配事などが挙げられます。クライエントは，これらの内容をワーカーに語ることで，気持ちや考えが整理され，目的が明確になってきます。前項（3）では，この過程を通して旅行先を決定することができたと思います。

　プランニングでは，目標を設定し，その目標達成のために具体的に何をするのかを取り決めます。前項（4）では，クライエントとワーカーで旅行計画書の作成に取り組みました。旅行計画書が詳細に書かれていると，クライエントはその計画書に従って安心して旅行することができます。

　インターベンションは，計画を実行に移す段階ですので，計画書に従って旅行をすることになります。実際に旅をすると予定通り進まないことがあります。その際に行うのが，モニタリングです。予算を優先して本来は飛行機で移動するところを電車で移動したため，行きたかった美術館に行けなくなったとします。この場合はアセスメントから見直し，不足している情報を収集したり，計画を見直し修正をしたりします。ここでは，予算と日程の優先順位を見直し，計画の修正が考えられます。

　エバリュエーションでは，支援に対する評価を行います。旅行を終え，クライエントは旅の満足度調査，ワーカーは旅行計画全般についての評価を行います。ターミネーションで，支援が終了しクライエントとワーカーの支援関係が終結します。

参考文献

社会福祉士養成講座編集委員会編『相談援助の理論と方法Ⅰ　第3版』（新・社会福祉士養成講座⑦），中央法規出版，2015年。

山辺朗子『個人とのソーシャルワーク』（ワークブック社会福祉援助技術演習②）ミネルヴァ書房，2011年。

6 記　　録
──方法と管理を理解する

1　ねらい

　ソーシャルワーク記録の目的は①サービスの向上，②提供機関の機能向上，③教育と研究のため，④法的な証拠立てなどがあります。支援対象（個人，グループ，地域など）が抱える課題を解決するための支援過程と結果についての適切な記録は，チーム連携における情報共有，支援方針の合意形成，支援の改善に使われ，実践記録の蓄積は，研究を推進しソーシャルワークの専門性を高めることに貢献します。また，よりよいサービス提供に影響を及ぼす機関の運営機能を管理するために労働管理や危機管理などの記録も必要となります。福祉サービス提供の多くが公的財源によるもので，サービスを受けた当事者はもちろん，国民一般に対しての説明責任（アカンタビリティ）も求められ，個人情報保護法及び各職能団体の倫理綱領に基づいたものである必要があります。本節では，支援経過の把握と管理に必要な基本的記録の記述を修得し，ソーシャルワークにおける記録の意義と管理について学ぶことを目標とします。

2　概　　念

（1）記録の種類

　ソーシャルワーク記録は，①支援記録と②運営管理記録に大別できます（表 1-4）。

表 1-4　ソーシャルワーク記録の種類

支援記録	アセスメント記録	フェイスシート（氏名，年齢，性別，家族構成，生活歴など），主訴，問題の背景
	支援の要約記録	支援計画と過程，結果，評価を要約したもの
	支援の過程記録	日々の支援過程における利用者や家族との関わり，他機関との連携などを時系列に沿って記録
	事例検討記録	カンファレンス，チーム連携内容
運営管理記録	会議記録	各部門・委員会等の会議内容をまとめたもの，議事録など
	業務管理記録	労働管理，事故，業務報告，外部対応記録など
	その他	各種報告書，教育訓練記録　など

（2）記録の様式

　記録は目的にあった文体とスタイルを用います。文体では，客観的事実のみを記述するものと事実に対して支援者の解釈や見解を述べるものがあります。スタイルでは家族図や環境などを図表で表したもの，チェック式，また，項目を指定し定型化された方式もあります（表1-5）。

表1-5　記録の様式

叙述体	過程叙述体	援助者と利用者のやり取りを詳しく記述したもの。
	圧縮叙述体	相談内容や支援過程の要点を絞って記述したもの。
	逐語叙述体	援助者と利用者の発言をありのまま記述したもの。
要約体		援助者の思考を通し問題のポイントを明確にして要約したもの。
説明体		事実への援助者の解釈や考えを説明し，利用者の言動と分けて記述したもの。
問題志向型システム		問題ごとに経過をSOAPの項目で記述したもの。 Subjective（主訴などの主観的情報），Objective（援助者等の客観的情報），Assessment（SとOによる評価，支援計画の根拠），Plan（支援計画）
フォーカス・チャーティング		出来事（フォーカス）に関してDARの項目で記述 フォーカスは出来事について端的に表現して記述。 Data（主観的情報と客観的情報），Action（支援者の判断と介入行為），Response（介入に対する反応，結果）

注：問題志向型システム：POS（Problem Oriented System）。

3　ワーク

（1）要 約 体

　次の記録を読み，「要約体」でまとめましょう。

【圧縮叙述体】佐藤太郎さんの生活史抜粋

　1955年に青森県に4人兄弟の長男として生まれる（64歳）。農家を継ぐのが嫌で，高校卒業直前に家出同然で上京。建築現場を転々とし42歳の時に脳梗塞を発症，半身不随となる。36歳で結婚し2人の子どもをもうけたが，家庭内暴力が原因で離婚。現在は生活保護を受給し独居。飲酒は禁止されているがやめることができない。

【逐語記録】病院のソーシャルワーカーとの対話

MSW：佐藤さん，お久しぶりですね。最近，いかがですか。

佐藤：なんか，もう，どうでもいいな。早く楽になりたいよ。

MSW：どうでも……，佐藤さん，どうされましたか。

佐藤：何をやってもうまくいかない人生だったよ。仕事もだめ，家族にも愛想つかされ，親不孝をした罰だな。

MSW：ご両親はまだ青森にいらっしゃるのですか？

佐藤：ああ……，最近，ちょっと知合いから連絡あって，だいぶ，弱っていて，年寄りの施設

に入るしかないぞって……

MSW：ああ，そうなのですね。それは，心配ですね。

佐藤：そりゃ，心配だけど，今の，俺に何ができるかって……本当に情けないよ……こんな時でも酒飲んでしまうんだから。

MSW：佐藤さん，もう少しお話しをお伺いしてもよろしいでしょうか。明日の午前はいかがですか。

佐藤：そうだな。じゃ，聞いてもらうか。頼むよ。

【要約体】

（2）SOAP，フォーカス・チャーティング

1．以下の支援過程を SOAP で整理しましょう。

【支援過程】精神科クリニック

　Mさん（50代，男性）は，最近，将来のことを考えると不安になり眠れなくなると訴えていた。医師の診断では，うつ症状は改善して来ている。妻の話によると「仕事に戻れれば」と涙を流すこともあるとのこと。症状も改善し本人の気持ちも復職に向いているが，再発予防のためにはあせらずに段階を経る必要。まずは，ショートスティから開始し，今後のことを本人と話し合う。

Subjective	
Objective	
Assessment	
Plan	

2．以下の支援過程をフォーカス・チャーティングで整理しましょう。

【支援過程】障害者支援施設

　午後の陶芸プログラム中，粘土ヘラがTさんの瞼に触れ，「失明する！」とパニックになる。眼科受診の結果，眼球の外傷は無く心配ないと言われたが，本人は「失明する」と繰り返す。15時施設に戻っても，ずっと目を気にしている。Kワーカーが「少し，目を休めましょう」と声掛けし，30分程度見守り。17時頃，様子を見に行くと「目，大丈夫ね」と笑顔。

時　間	フォーカス		経過記録
13：00		D	
		A	

		R	
		D	
		A	
		R	

（3）記録の管理

ソーシャルワーク記録の管理について話し合いましょう。

4　解説とまとめ

　ソーシャルワーク記録は日々の支援過程記録から多職種によるカンファレンス記録，行政への報告書など多岐にわたっていますが，すべてに共通していることは，必要な情報が適切な様式で記述され誰が読んでも理解できる内容であることが求められるという点です。支援者が情報を基に分析・考察をする場合にはその根拠となる事実や背景となる理論を示すことも重要で，常に誰から（どこから）の情報なのか，誰の考えなのかが明確に示されなければなりません。

　また，記録は支援者だけでなく利用者の開示請求に応じることもあります。スティグマやステレオタイプなど誤解を招くような表現にならないよう気を付ける必要があります。また記録の管理については，紙媒体の場合には鍵付きのロッカーに保存し，持ち出しは原則禁止，電子媒体についてはデータの改ざんや流出の危険を防止する措置を取ることが重要です。いずれにしても，支援者という立場によって利用者の情報を得ていることを認識し，情報に対して常に謙虚な姿勢を持つことが求められるのです。社会福祉士，精神保健福祉士の倫理綱領にも記録についての規定がありますので，確認をしておきましょう。

参考文献

副田あけみ・小嶋省吾『ソーシャルワーク記録——理論と技法』誠信書房，2006年。
八木亜紀子『相談援助の記録の書き方』中央法規出版，2012年。

7

集団（グループ）の理解
——定義・機能・構成を理解する

1 ね ら い

　社会には様々な集団があることについて自分自身の生活を振り返り理解を深めます。ソーシャルワーカーの支援を得て，クライエントが家族親族，近隣の友人知人，様々な専門組織，機関等と関わり，状況を改善できる支援が求められます。

　人々とのつながりは，人が社会で生きていくために不可欠です。そのような人々のつながりは，例えば都会と過疎地で異なります。クライエントを取り巻く多様な集団特性の正しい理解が必要となります。さらに今日，グローバリゼーションを背景に日本で生活する外国籍の人々の増加は顕著なものがあります。彼らが生活する地域で直面する困難を理解するには，どの集団に所属し，またはどの集団から排除されているのか等の社会構造の正しい把握が不可欠です。この視点は，性的少数者や遺伝性疾患等の難病，何らかの生きづらさを抱える人等のマイノリティ（少数派）の理解にも適用できます。

2 概　　念

　人が真に1人で生きるのは困難なことです。人は家族や学校の友達，職場の仲間等，他者との繋がりの中で自己の存在を確認し，安定します。会社の所属や同僚，学校における友人や部活動のチームメイト等，集団に所属して，生活の広がりの中に相互の扶助と安定を求めています。クライエントが属している集団にはどのような特徴があるのか，その集団は社会的にはどんな意味を持つのか，クライエント自身の生活にどう役立っているのか等の理解は，支援の根幹とつながります。

　人々の基本となる集団は家族ですが，その他にも，町内会，同級生やサークル等，様々な人とのつながりがあります。複数の集団とのかかわりの中で，私たちは生活しています。反対に，不登校や引きこもり等，他の人と接する機会がない人もいます。精神的な課題を抱えている場合もあります。人が社会生活を送っていくためには，個々の社会的状況（自営業者・主婦・中学生等）に応じた多様な人とのつながりを持ち，何らかの集団に属していることが不可欠です。どんな人でも，その社会で意味のある集団に所属し，役割を持つことが必要です。バランスの良い社会関係は，個人の生活の質を高めます。

　社会学事典を見ると，集団とは，「特定の共通目標をかかげ，多少とも共属感を持ち，相互作用を行っている複数の人々の社会的結合」のことを言います。人が生活している社会の中で，その人はどの様な人たちと関連があるのかを理解したり，仲間と所属している集団の特徴を理解することが福祉現場では大切になります。一般には，その集団の構成員間に共通する規範や思考の枠組みがあること，その集団に共に所属するという感情があり，メンバー間に一定の相互作用が継続されていることが，「集団」の基本的要件となります。

　集団の分類として，ここでは，マッキーヴァー（R. MacIver）の理論を紹介します。マッキーヴァーは自生的に生ずるものをコミュニティ（community）とするのに対して，特定の関心や目的を実現するために作られる，例えば，会社や学校，病院等の組織をアソシエーション（association）としています。そこではメンバーが決まっており，メンバー間で守るべき規範が共有され，個人は役割を果たすことが求められます。人は成長するにつれ，年齢や性別，目的等で所属集団は変わり，また，社会の中で複数の集団に属するようになります。ちなみに，交差点で信号待ちをしている人は，その時いるだけの「群衆」です。

3 ワーク

自分が家族と生活している市や町を例として考えてみましょう。

---

① 家族の中であなたは誰と一番仲が良いですか？私（自分）を中心にして家族員等を記入し，中の良い人を太い線 ➡ で結んでみましょう。

わたし

理由（解説）：

---

② 一番身近な親戚は誰でしょうか？私（自分の家）を中心にして親戚等を記入し，身近な親戚を太い線 ➡ で結んでみましょう。

わたし

理由（解説）：

---

③　自分にとって身近な近隣住民は誰でしょうか？またその関係性（どのように関係しているのか）を示してみましょう。

【身近な近隣住民】
例：地域生活上のルールを教えてくれる近所にする区長さん

【関係性（どのような関係なのか）】

④　自分の学生時代の友人との関係を考えてみましょう。どの時代（小学校，中学校，高校等）の友人との関係が，自分にとってどのような意味があったのかを示してみましょう。
【友人】

【関係性（どのような関係なのか）】

4　解説とまとめ

　改めて関係を見ていきましょう。自分は普段どの人との関係が密であるか，あるいは疎遠であるかが，図を見ることでわかりやすくなります。小学校の同級生はたくさんいるのに，大学に通うようになっても付き合いが続いているのは，ほんの数人だとか，同じ親族でも，頻繁に行き来している親族があるかと思えば，考えてみるとここ何年もあ

ってないし，電話をしていない親族がいるということもあるかもしれません。このように，生活している中で自然と人との関係は密であったり，疎遠であったりします。そして，この人間関係は，社会生活に影響を及ぼしていることに気が付きます。仲の良い兄弟姉妹は，結婚してお互いに自立して新しい家族を持っても，何かと助け合う関係を続けることができます。

　他方，仲が悪い家族の中で育った人は，自分が仕事に就くと同時に実家を出て自活をして，その後，何年も親兄弟との関係を絶ってしまうという人がいたりします。そうすると，大変な時でも助けを得る環境にないために，身体的にも金銭的にも自分の努力だけでは生活が苦しくなることもあります。

　福祉の現場では，当人と周囲の人々との関係を見ていくことで，その人の持っている人間関係のあり方がわかります。他の人とすぐに友達になるような人は，支援の関係でも新たな支援者との関係を結ぶことに抵抗が少ないかもしれません。でも，人付き合いが苦手で，家族親族ともなかなか関係を持てていなかったような人は，ある日突然に支援をしてくれるからという理由で新たな人間関係を作ることは苦手で，抵抗感が強いかもしれません。そういう場合は，支援者が良かれと思って働きかけても期待される効果はなく，支援に繋がらないことがあります。このように，支援を提供する側は，自分たちの視点ではなく，当事者の側に立って，クライエントが無理なく受け入れられる関係を作っていくことが大切になります。

　さらに，支援者は，その人の人間関係の取り方の特徴も理解する必要があります。特定の親族なら比較的良いが，他人には壁を作っているよう人には，最初は中心的関係者（キーパーソン）の協力を得ることから始める必要があります。

　支援者はクライエントにとって一番抵抗感が少ない人，受け入れやすい人等，クライエントの関わる集団，中でも家族関係の個別性について十分に分析する必要があります。

注
⑴　見田宗介ら編『縮刷版 社会学事典』弘文堂，1994年，439頁。
⑵　塩原勉・松原治郎・大橋幸編集代表『社会学の基礎知識』有斐閣，2005年，33頁。

参考文献
見田宗介編集顧問『現代社会学事典』弘文堂，2012年。
日本社会学会社会学事典刊行委員会編『社会学事典』丸善出版，2018年。
坪郷實編著『ソーシャル・キャピタル』（福祉＋a ⑦）ミネルヴァ書房，2015年。
吉田明弘『社会福祉の見方・考え方』八千代出版，2018年。

8 グループダイナミクス
──集団を用いた支援の効果を理解する

1 ねらい

　グループワークはグループを活用して，そのグループのメンバー（グループに属している人）の抱えている問題や生きづらさの解決，軽減を図ることに焦点が当てられています。ソーシャルワーカーとクライエントといった1対1の関係ではなく，ソーシャルワーカーと複数名のクライエントが属するグループといった関係が，グループに属するクライエント一人ひとりの問題等の軽減に効果的であるのはどうしてでしょうか。そこにはグループが持つ力が働いており，ソーシャルワーカーはその力を利用して個々のクライエントの抱える問題等の解決・軽減に働きかけているのです。では，グループが持つ"力"とは一体どのようなものなのでしょうか。

　本節では，クライエントを支援するにあたり，その抱える問題等の解決や軽減に向けて，支援のレパートリーとしてより効果的にグループワークを活用，提供できるようグループが持つ力について理解を深めることを目的とします。

2 概　念

(1) グループの持つ力

　アーヴィン・D・ヤーロム（I. D. Yalom）というアメリカの精神科医がグループの持つ力，グループの持つ効果，もしくは人がグループに参加する上で期待するものとして，次に示す10種類を挙げています。

　① 普　遍　性
　　自身が抱えている課題や問題と同様の課題を持っている人がいる，自分だけではない，といった心の解放のこと。
　② 希望の発見および維持
　　他のメンバーの発言や行動，また活動を通じて問題解決や軽減に向けた希望やグループ参加への動機の維持がなされる。
　③ 愛　他　主　義
　　グループ内の他のメンバーとの関係性において，他のメンバーをサポートすると

いう機会を得，それらを通じて自己効力感が向上する。

④　対人関係の学習

　社会生活における人とのかかわりの中で生じる適切なアクションに対するリアクションをグループという小さな社会で体得することができる。

⑤　行動の模範

　グループワークを通じて，あるべき，また望ましい行動の方法を学び，訓練することができる。

⑥　社会スキルの発達

　グループワークにおける他メンバーの行動等を通じて社会的なスキル，対人関係の学習を行うことができる。

⑦　カタルシス

　安全な環境のもと，感情の発散や自身の気持ちに向き合うための機会と場を提供するということです。

⑧　グループの凝集性

　メンバー同士が互いに理解や魅力を感じ合い，グループメンバーがまとまっていくことです。

⑨　実　存　性

　自身の問題や課題を改めて自分自身の課題としてとらえ，それに対処することを再確認するという働きのことです。

⑩　家族関係の修正的再体験

　家族に関するグループワークの場合，安全が保障された環境の中で，相互に関係性が好ましくない家族関係について，改めてその関係性を見直し，より良い状況へ移行する機会の提供となります。

（2）グループダイナミクス

　対個人ではなく，なぜグループを活用して支援を行うのでしょうか。先に挙げたグループが持つ力が，その集団に属する人々に変化を与えることができるためです。この集団の中で人々が変化する力は，グループダイナミクス（集団力動）と呼ばれ，レヴィン（K. Lewin）らによって体系的に研究されています。具体的には，グループを一つの「システム」として捉え，そのシステムの中でのメンバー間の相互作用によって生まれる集団圧力，集団凝集性，またリーダーシップといった特質のことを指します。「システム」とは，「相互に作用しあう要素（メンバー）の集合体（グループ）において，一つの要素が変化すると要素間の相互作用関係を通してすべての要素に影響を与え，やがてその構成要素間に均衡のとれた安定状況をもたらす」[1]という考え方です。つまり，ある

目的を持った集団において，それに属しているメンバーが相互に影響を及ぼし合い，その中で集団圧力や凝集性といった特有の機能を発揮しながら，互いに変化していくという考え方です。

3 ワーク

（1）グループ体験の振り返り

　これまで自分自身が属した（属している）グループを1つ提示しましょう。そして，そのグループはどのような活動内容であったのかを他者に説明できるようにまとめ，他のメンバーに発表しましょう。

あなたが所属していた（所属している）グループ	グループ名
上記に挙げたグループの活動内容	

（2）メンバーの役割

　上記に挙げたグループにおける各メンバーの役割にはどのようなものがあったでしょうか。

例：まとめ役・ムードメーカー等

役割の名称	働き（機能）
①	①
②	②
③	③

（3）グループの規範と凝集性

　上記に挙げたグループにおける決まり事は何でしょうか。ここで「決まり事」とは，メンバー相互に了解が得られたルールのことです。

グループにおける決まり事（ルール）

（4）グループの目標

先に挙げたグループの目的や目標はどのようなものでしょうか。

例：全国大会出場，楽しく過ごす，試験の合格等

グループの目標

4　解説とまとめ

　自身のこれまでの生活体験の中からグループ経験を振り返ってもらいました。人によりグループの種類等は異なるものの，私たちが生活する上で，何からのグループ（小集団）との関わりを持っていることが確認できます。人は生活する上で何らかのグループ，集団と関わり，それらを通じて社会と関わっています。

　自身が関わった（もしくは関わっている）グループを改めて分析すると，グループの中で相互に役割を果たしながらグループ，またそこでのメンバー間の安定性を図っていることが確認できます。グループメンバーの相互作用がグループ内での問題解決に貢献しているといえます。またグループには何らかの決まり事（ルール）が存在します。その決まりを守ることでメンバー同士はより結び付き，凝集性，つまりまとまりを増していきます。また，グループには「目的」が存在します。例えば「一緒に時間を過ごす」「楽しく学生生活を送る」「チームとして競技に打ち込む」等，グループによって目的は異なりますが，それぞれのグループが何かしらの存在意義を持っているのではないでしょうか。グループとしての目的（目標）を達成する過程で，グループメンバー個々の成長を促すことができます。

　ソーシャルワーカーとクライエントといった1対1の関係性ではなく，グループが持つ上記の特質を理解，活用して，メンバー個々の成長と課題の解決・軽減を図ることがグループワークの特徴であり，強みであると言えるのです。

注
⑴　黒木保博ら『グループワークの専門技術』中央法規出版，2007年，21頁。

参考文献
黒木保博・横山穣・水野良也・岩間伸之『グループワークの専門技術』中央法規出版，2007年。
野村武夫『はじめて学ぶグループワーク』ミネルヴァ書房，2010年。
Yalom, I. D., *The Theory and Practice of Group Psychotherapy* 4th edition, Basic Books.（＝ 2012, 中久喜雅之・川室優監訳『ヤーロム　グループサイコセラピー——理論と実践』西村書店）。

9 グループワークのプロセス
──展開過程を理解する

1 ね ら い

　グループワークは，ソーシャルワーク技術の一つです。グループワーク活動に利用者が参加することにより，メンバー間にはたらく相互作用を利用し，個人の問題解決，ニーズの充足，成長，発達等を促進させることを目的とした介入方法の一つです。本節ではグループワークのプロセス（展開過程）について理解を深めます。

2 概 念

　基本的なグループワークのプロセス（展開過程）には「準備期」「開始期」「作業期」「終結期」という流れがあります。

（1）準 備 期
　支援者が利用者と接触する前の段階であり，ニーズが発生し，予備的接触を行う段階です。ワーカーが所属している機関や施設における合意や理解・情報の共有等がなされます。グループワークは，集団に対する援助のみでなく，個人に対しての援助でもあり，グループを構成する一人ひとりのニーズや問題を理解します。

（2）開 始 期
　この段階は，参加者がグループを形成し，機能し始める段階です。ワーカーは，プログラムの内容が各個人のニーズを満たすかどうか，問題の解決に貢献するか，について確認し，進めます。利用者が，プログラムづくりに参加する支援を行い信頼・対人関係づくり，所属意識の形成，目的の確認，契約の確認なども行われます。

（3）作 業 期
　グループメンバーが活動や課題に取り組み始め活動する段階です。メンバー間の相互作用を高め，個人同士の結びつきがつくられる時期でもあります。一方，孤立する者が出たり人間関係がこじれたり，葛藤や軋轢が起こるのもこの時期です。ワーカーはこう

した状況に対応したり，介入し，グループを発達・発展させていきます。

（4）終 結 期

　グループワークの活動を終了する段階です。また，個々人が，このグループワークへの参加を通じて得たものを活用し，各個人の生活に移行する段階といえます。ワーカーは，個人の生活に移行するための支援を行います。事前にグループ活動の終結について伝えられ，準備として，活動を通じて得たことや成長したことについて整理・まとめを行います。個人生活に移行後のアフターケアの計画も立てられます。これまでの活動についての評価，ワーカー自身の活動評価も行われます。

3　ワ ー ク

　グループワークのプロセス（展開過程）について，「作業期」を取り上げて次のワークを行いましょう。

例）プログラム名：買い物についての話し合いと実践

プログラム活動
【大目的】自分の生活に必要な買い物ができるようになる。

【小目的】
（1）①生活において自分の必要なものを理解する
　　1）必要なものをどうやって知るか。
　　2）各自買い物をしたことがあるか，ないか。
　　3）日常的な買い物をどのようにしているのか。
　　4）何をどこで買っているのか。
　　②買い物の方法について理解する
　　1）買い物ができるところまでどのようにして行くのか。
　　2）どうやって買い物をするのか（お店に行く，通信販売，電話で注文する，インターネットで買う）等。
　　3）誰と行くのか（自分一人で，支援者と，親と，友人と）
　　4）支払方法はどうするのか（現金，クレジットカード等）
　　5）食品，日用品，衣類，電気製品等，どこに行けば買えるのか。
（2）いくつかの代表的な買い物の方法を知る
　　1）いくつかの種類の買い物のロールプレイのシナリオを作成する。
　　2）1）で作成したロールプレイをグループで実施する。
　　3）実際に買い物を行う計画を立てる。

（3）実際に街に出て買い物の実践を行ってみる
　　1）実際に買い物に行ってみる。
　　2）実践後の振り返りと評価を行う。

（1）プログラムの活動の検討

1．【大目的】を踏まえて，【小目的】（1）①の1）〜4）についてメンバーで互いに意見を出しましょう。

2．【小目的】（1）②の1）〜5）についてメンバーで互いに意見を出しましょう。

（2）立案したプログラム活動のロールプレイ

（1）での話し合いを参考にし，①買い物を想定したロールプレイのシナリオ作成，②ロールプレイの実践，③実際の買い物計画の作成を行いましょう。

（3）プログラム活動の実践と評価

（2）の③で作成した買い物計画を実践してみましょう。その後，その様子，内容についてメンバー間で感想を述べてみましょう。

4　解説とまとめ

　リハビリテーションの分野において，「社会リハビリテーション」があります。これは，リハビリテーション・インターナショナル社会委員会，1986年による定義として，「社会生活力（Social Functioning Ability：SFA）」を高めることを目的としたプロセスであるとし，社会生活力とは，「さまざまな社会的な状況の中で，自分のニーズを満たし，一人ひとりに可能な最も豊かな社会参加を実現する権利を行使する力を意味する」とされています。

　また，社会生活力は，障害のある人が自分の障害を理解し，自分に自信を持ち，必要なサービスを活用して，自らの人生を主体的に生き，積極的に社会参加していく力が社会生活力であると考えられ，その社会生活を高めるためのプログラムを社会生活力プログラムだとされています。スウェーデンにも「Grepp om Livet」というプログラムがあり，利用者の個々の状況をアセスメントし，日常生活の活動を行うことに際し，環境からの要求に対して本人との間にどのようなギャップがあるのか，また本人はそのギャップに対してどのように対処し，活動を行っているのか，について説明しています。これらのプログラムは，グループで実施されることも多いことから，グループワークや

ソーシャルワークの実践の内容だと考えられます。例えば，準備段階において，ワーカーは個々人の状況・状態やニーズについて知る必要があるとされているが，今回例として挙げた，「自分の生活に必要な買い物ができるようになる」では，グループ全体での活動や実践，練習が行われる前に，各個人の買い物の実践に対するニーズがアセスメントされます。買い物をするには，どのようなスキルや技術が必要であるのか，お金については，そのシステムや仕組み，お金のカテゴリー，量，数字や計算，量についての理解し，それを扱えることが必要でしょう。

　また店頭では，様々なコミュニケーショを行うための言葉の理解や絵やシンボルの理解も必要かもしれない。商品棚からはさまざまな選択肢やカテゴリーの中から自分が必要なものを選択し分類することについて理解する力も要求されるかもしれません。自分の買いたいものがどこにあり，どの方向や場所にあるのかを知る，距離，間隔，空間と方角・方向についても知る必要もあるでしょう。このように「買い物をする」という活動には，個々人の様々な能力が利用されており，そしてそのような環境からの要求に対してギャップがある場合，その活動が達成できなくなる可能性があります。ワーカーは，グループ活動の前にそのような各個人の状況について知り，グループ活動に臨むことが重要なことであると考えられます。

参考文献

赤塚光子・石渡和美・大塚庸次・奥野英子・佐々木葉子『社会生活力プログラム・マニュアル』中央法規出版，1999年。

奥野英子・関口恵美・佐々木葉子・大場龍男・興梠理・星野晴彦『自立を支援する社会生活力プログラム・マニュアル——知的障害・発達障害・高次機能障害等のある人のために』中央法規出版，2006年。

小田兼三・杉本敏夫編著『社会福祉概論——現代社会と福祉　第4版』勁草書房，2018年。

東京福祉大学編『新・社会福祉要説』ミネルヴァ書房，2014年。

福祉士養成講座編集委員会編『社会福祉援助技術』（新版　介護福祉士養成講座⑤）中央法規出版，2001年。

E. リンストローム，B. ヴェンベーリア／田代幹康・C. ロボス訳・著『スウェーデン発・知的障害のある人の生活支援ハンドブック』ミネルヴァ書房，2011年。

10 自己覚知（地域）
——私たちの生活と地域社会とのつながりを理解する

1 ね ら い

　あなたは自分が住む「地域」と，そこにある「コミュニティ」のことを，どれくらい知っていますか。そもそも，「地域」や「コミュニティ」という言葉を聞いて，あなたは何をイメージしますか。

　高度経済成長期以降，都市化の進展と共に地域の絆の希薄化や，地域社会の崩壊が叫ばれるようになりました。2000年を過ぎた頃には児童虐待や高齢者の孤独死が大きな社会問題となり，さらに2011年3月11日に東日本大震災が起きたことなどをきっかけに，近年，「地域」や「コミュニティ」に再び大きな注目が集まっています。

　ソーシャルワークの領域でも，「地域」や「コミュニティ」は欠かすことのできない重要な視点です。この節では，地域社会と自身の生活とのつながりについて，自分がこれまで暮らしてきた地域での経験を振り返りながら再確認します。その上で，社会福祉の充実のために「地域」や「コミュニティ」が果たしている役割について，一人ひとり考えを深めてもらうことが本節のねらいです。

2 概 念

　一口で「地域」と言っても，その言葉が指し示す範囲は様々で，人によってイメージするものが違ってくるでしょう。ある人はごく身近な隣近所の関係をイメージするでしょうし，別の人は公立の小中学校を中心とした「学区・校区」を想起するかもしれません。また，人によっては市区町村単位で「地域」の範囲を思い浮かべる場合もあるでしょう。2008年に厚生労働省の研究会が公表した『これからの地域福祉のあり方に関する研究会報告書』(1)では，地域を5層の「圏域」に分けて捉える考え方を示しています（図1-2）。

　「班」や「組」といった最も人々の生活に身近な単位では高齢者の見守り等の活動を行い，それよりも大きな「自治会・町内会」の単位でサロン活動や防犯・防災活動を，さらに広い「学区・校区」では地域福祉活動に関わる人たちの情報交換や専門家による支援を行う，といった圏域ごとの役割分担がここでは提案されています。なお，難病等のように市区町村レベルでは対象者数が少なく，高い専門性が求められるケースでは，

図1-2　重層的な圏域設定のイメージ

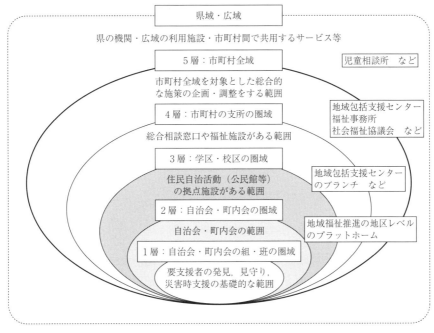

出所：厚生労働省『これからの地域福祉のあり方に関する研究会報告書』2008年（https://www.mhlw.go.jp/shingi/2008/03/s0331-7d.html，2019年12月16日アクセス）筆者一部修正。

都道府県単位等のより広い範囲での対応が必要になることも指摘されています。

　このように「地域」という言葉からは様々な範囲が連想されます。ただ，社会福祉協議会のような地域福祉の推進機関が「地域福祉活動」を考える際には「中学校区」または「小学校区」を単位として計画・実践するところが多いようです。これは，圏域設定が広すぎると地区ごとに異なる特性や多様な実情がつかみにくく，一方で小さくしすぎると今度は地域共通の課題が見えにくくなり，結果として支援策をうまく組み立てることが困難になるためです。そのため地域福祉活動の適切な圏域として，「中学校区」または「小学校区」が選ばれることが多くなっています。

3　ワーク

（1）自分が住む自治体（市区町村）の特徴を理解する

　あなたが高校3年生の時に住んでいた「自治体」（市区町村）について，下記の項目を埋めてみましょう。①まずは何も資料を見ずに書いてみましょう。ある程度埋めることができたら，周囲の人とお互いにどれくらい書けたか話し合いましょう。②自治体のホームページや広報誌等の資料を見て実際にはどうだったか，正確なデータを記載してみましょう。すべて埋められたら，周囲の人に自分が調べた自治体情報を紹介し，お互

いに比較してみましょう。

市区町村名		あなたが住んでいた年数	

	①あなたの記憶	②資料を見た結果
首長の名前		
市区町村議会議員の数		
人　　口		
高齢化率		
待機児童数		
公立中学校の数		
特産品・地域自慢		
その他特徴		

（2）「地区」と自身の生活の関係を知る

　あなたが高校3年生の時に住んでいた「地区」（中学校区または小学校区）と，あなた自身の生活（及びあなたの家族の生活）との関わりについて，これまでにどのようなものがあったでしょうか。思い付くものを箇条書きで挙げてみましょう。

あなた自身の生活と，「地区」の人々との関わり
あなたの家族と，「地区」の人々との関わり

（3）地域の社会資源を知る

　今度は現在，あなたが住んでいる「地域」を思い浮かべましょう。次のような時，あなたの地域ではどこに行きますか。また，その場所までは自分の家からどれくらいの距離がありますか。

状　　況	行き先	交通機関と所要時間
大きな災害が起きた時		で　　　　分
妊婦が出産する時		で　　　　分
高齢者の介護が必要な時		で　　　　分

4　解説とまとめ

　本節ではこれまで自分が住んでいた地域と，自分の生活との関係を振り返ってもらいましたが，どのような発見があったでしょうか。公共交通機関を利用したり，車を運転したりして生活の範囲が広がってくると，仲の良い友人は少し離れたところに住んでいたりして，案外「普段自分が住んでいる身近な地域についてはよく知らない」，「地域のコミュニティとはほとんど関わりがない」という人も多かったのではないでしょうか。

　一般的に，「地域」と関係が強いのは「子どもの時期」と「高齢期」だと言われています。[2]皆さんが子どもの頃には様々な地域の人と関わり，行事やお祭りにも参加していたのではないかと思いますが，いかがでしょうか。ご家族が地域の小学校や町内会で役割を担っていたという人もいるかもしれません。あるいは，祖父母が地域の集まりによく顔を出したり，ボランティアをしていたりするという方もいるのではないかと思います。

　もう一つ，「地域」の重要性が浮かび上がってくるのは有事の時です。大きな災害が起きた時や，一緒に住む家族が大変な状況の時，頼りになるのは「遠くの親戚よりも近くの他人」だと言います。日頃から隣近所と顔の見える関係を築いておくことが望ましいのはもちろん，地域内で頼れる公的なサービスについて知っておくこともいざという時に役立ちます。ぜひ自分が住む地域に関心を持って，日々の生活を送ってほしいと思います。

注
(1)　これからの地域福祉のあり方に関する研究会『地域における「新たな支え合い」を求めて——住民と行政の協働による新しい福祉』全国社会福祉協議会，2008年。
(2)　広井良典『コミュニティを問いなおす——つながり・都市・日本社会の未来』ちくま新書，2009年，19-20頁。

参考文献
社会福祉士養成講座編集委員会編『地域福祉の理論と方法 第3版』中央法規出版，2015年。
地域ケア政策ネットワーク『地域コミュニティの新たなあり方検討会報告書』2018年（http://jichitai-unit.ne.jp/network/wp-content/uploads/sites/3/2018/04/65d8861c8d762a781295c9c5081c04ea.pdf，2019年1月31日アクセス）。

11 地域（コミュニティ）の理解
──定義と概念を理解する

1 ねらい

　前節では「地域」とあなた自身の生活の関係について振り返りました。本節ではさらに，「コミュニティ」という概念について理解を深めていきたいと思います。「コミュニティ」と聞いてあなたは何をイメージするでしょうか。最近ではSNSを通じた「インターネット上の情報コミュニティ」を思い浮かべる人も多いかもしれません。

　今では日本語としてもすっかり定着してきた「コミュニティ」という言葉ですが，あえて訳せば「地域」や「共同体」となります。「地域」や「共同体」は，人々のアイデンティティと密接に関わるものです。例えば東京都のある区では「山の手」と「下町」と呼ばれる二つの異なった性格の地域社会があり，そこに住む人々は言葉遣いも，日常生活の送り方も，気質も違うといいます⁽¹⁾。このように「コミュニティ」とは単に市区町村等の行政単位を指すものではなく，人々の生活に影響を及ぼす「文化」にも関連する概念です。

　このほか，本節では関連の深い概念として「ソーシャル・キャピタル（社会関係資本）」の考え方にも触れていきます。

2 概　念

（1）コミュニティとアソシエーション

　「コミュニティ」に関する理論で有名なのは，20世紀前半にアメリカの社会学者マッキーヴァー（R. M. MacIver）が提唱した「コミュニティ（community）」と「アソシエーション（association）」という2つの概念の分類です。マッキーヴァーによれば「コミュニティ」は地域性に基づき，人々の共同生活が営まれる場所で自然発生的に生まれる集団を指すもので，「地域性」と「共同性」の2つが必要条件となっています⁽²⁾。現在の日本社会で言えば，「町内会」や「自治会」，「婦人会」，「PTA」等の組織がこれに当たります。

　一方，「アソシエーション」とは何らかのテーマ（「教育」「環境」「スポーツ」「音楽」等）を掲げてつくられた集団を意味しており，必ずしも「地域性」を必要としません。学校

や会社，サークル，ボランティア団体など，現代の社会に存在する集団・組織の大半は，この「アソシエーション」に含まれると考えることができます。

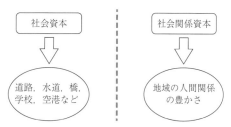

図1-3　社会資本と社会関係資本

（2）ソーシャル・キャピタル

「コミュニティ」の概念と関連して，ぜひ押さえておきたいのが「ソーシャル・キャピタル（social capital）」の考え方です。ソーシャル・キャピタルとは，直訳すれば「社会資本」となりますが，日本では道路や水道等の公共インフラを指す言葉との混同を避けるため，現在では「社会関係資本」という訳が定着しています（図1-3）。この日本語訳が指し示す通り，ソーシャル・キャピタルとはその地域における人間関係や社会活動の豊かさを表現する概念です。

　この言葉が注目を浴びるきっかけを作ったのはアメリカの政治学者パットナム（R. D. Putnam）です。パットナムは個人主義が進む現代において，地域の人間関係が豊かな町ほど，民主主義がうまく機能することを明らかにしました[3]。

　人々の交流が増えることによる地域社会への良い影響は，他にも数多く指摘されています。例えば，ソーシャル・キャピタルが高い地域，すなわち人間関係が豊かで，コミュニティのまとまりが良く，社会資源が整っていて様々な情報が広く共有されている地域ほど，住民の健康度が高いという研究結果が報告されています[4]。また，ソーシャル・キャピタルが高い地域では犯罪発生率や失業率が低く，出生率は高いという調査結果もあります[5]。

　このように，地域内での人々の交流（＝社会関係）が活発になることは，その地域の生活環境を良くする「資本」，すなわち「財産」のようなものだと捉えられているのです。

3　ワーク

（1）「地域コミュニティ型組織」と「アソシエーション型組織」を知る

　自分が関心のある「自治体」と，その自治体の中にある1つの「地区」を選びましょう。あなたが選んだ地区（または自治体）の中に，どのような組織・団体があるか各自で調べてみましょう。

自治体名 （市区町村名）		地区名	

◆「地域コミュニティ型組織」の例

町内会・自治会名	
性別／年齢別組織名	
自主防災組織名	

◆「アソシエーション型組織」の例

企業名	（主な事業内容：　　　　　　　　　　　　　　　　　　　　　　　）
サークル名	（主な活動内容：　　　　　　　　　　　　　　　　　　　　　　　）
NPO名	（主な活動内容：　　　　　　　　　　　　　　　　　　　　　　　）

（2）ソーシャル・キャピタルについて考えを深める

1．ソーシャル・キャピタルが蓄積する（地域の人間関係が豊かになる）ことで，他にどのような良いことがあると思いますか。自分の考えを2つ以上挙げた後，周囲の人と話し合ってみましょう。

2．地域内での人々の交流を活発にするためには，どのような工夫や仕掛けが必要だと思いますか。自分の考えを2つ以上挙げた後，周囲の人と話し合ってみましょう。

3．ソーシャル・キャピタルには良い影響だけでなく，「負の影響」があることも指摘されています。人間関係が濃く顔見知りが多い社会のデメリットとしては，どのようなものが考えられますか。自分の考えを2つ以上挙げた後，周囲の人と話し合ってみましょう。

4　解説とまとめ

　福祉課題が山積する現代社会において，「地域コミュニティ」に期待される助け合いの役割は増しています。しかし，町内会・自治会等の「地域コミュニティ型組織」は都市部を中心に若い世代の関心が薄く，加入率の低下と高齢化が進んでおり，活動量の低下が懸念されています。そこで一定のテーマを掲げて地域に密着した活動を行うNPOなど，若い世代も関心を寄せる「アソシエーション型組織」と，「地域コミュニティ型組織」が連携してネットワークを構築し，地域の問題解決に取り組むことが求められています。

　都市部では互いの生活に干渉しないという「マイホーム主義」が行き過ぎた結果，孤立死や虐待等の問題を深刻化させてしまったという認識から，新たに地域のつながりを作ろうという動きが各地で生じています。東京都文京区で2013年にオープンした「こまじいのうち」や，三重県名張市など多くの自治体で開設している「まちの保健室」の取り組みはそうした実践の一例です。地域のつながりができ人々の交流が増えることは，その地域の「資本」，つまり「財産」であると考えられるようになってきたからです。皆さんも改めて，自分が住む地域の人間関係や社会資源について，関心を持って眺めてみてはいかがでしょうか。

注
(1)　関口惠美「コミュニティとその診断」「はじめての社会福祉」編集委員会編『はじめての社会福祉——実践から学ぶ社会福祉』ミネルヴァ書房，2007年，54頁。
(2)　近年発展著しいインターネット上の「情報コミュニティ」は，「地域性」を必須としない点で新しい概念です。これと区別するために，「地域性」と「共同性」の2つの特徴を備える従来型の地縁組織中心コミュニティを「地域コミュニティ」と呼ぶこともあります（船津衛「『現代コミュニティ』とは何か」船津衛・浅川達人『現代コミュニティとは何か——「現代コミュニティの社会学」入門』恒星社厚生閣，2014年，10-15頁）。
(3)　パットナム，R. D.／柴内康文訳『孤独なボウリング——米国コミュニティの崩壊と再生』柏書房，2006年，413-430頁。
(4)　牧田満知子・立花直樹編著『ソーシャル・キャピタルを活かした社会的孤立への支援——ソーシャルワーク実践を通して』ミネルヴァ書房，2017年，22-24頁。
(5)　内閣府国民生活局編『ソーシャル・キャピタル——豊かな人間関係と市民活動の好循環を求めて』国立印刷局，2003年，1頁。

参考文献
川島ゆり子・永田祐・榊原美樹・川本健太郎『地域福祉論』ミネルヴァ書房，2017年。

12 地域調査①
──コミュニティ要素モデルに基づく特定地域の調査方法を理解する

1　ねらい

　A県B市C町D団地で，高齢者の孤独死がこの夏に3件発生しました。あなたは，この地区を担当する社会福祉協議会の地域福祉活動コーディネーターです。

　あなたは何をしますか？　何が原因で，それほど頻繁に痛ましい出来事が起きたのか調査をするはずです。地域全体がどのような状態であるのか，何が足りていて，何が足りないのか，コミュニティソーシャルワークを実践するための最初のステップが，「地域調査」です。

2　概　念

　地域を調査するためには，「地域」のどのような情報を収集すればよいでしょうか。金子勇は多義的なコミュニティの概念として，関係（ヒト），物財（モノ），意識（ココロ），行事（イベント）の4つからなる複合システムとして説明し，それらの複合システムとしてコミュニティ全体を把握しようとしました[(1)]（図1-4）。そして，これらの概念をコミュニティ要素モデルとして整理しています。「コミュニティは，第一に量質ともに揃った親しい人間関係を基本的イメージ」としていて（関係：ヒト），さらに公園，集[(2)]会施設，学校，生活廃棄物の処理施設など都市生活を支える数多くの施設や装置つまり，物的側面（物財：モノ）をコミュニティの一要素としています。第3番目の要素として

図1-4　コミュニティ要素モデル

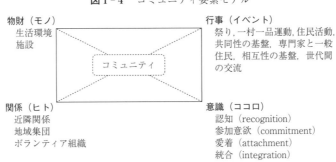

出所：金子勇『都市高齢社会と地域福祉』ミネルヴァ書房，1993年，107頁。

表1-6　4つの要素（関係・物財・意識・行事）の概要

第1：関係(ヒト)	近隣や地域の人間関係の要素，何らかの集団として現れてくるもので，コミュニティ要素の基本的なもの	インフォーマル集団，フォーマル集団，町内会，自治会，地域を主体としたNPO団体など
第2：物財(モノ)	地域社会の中で生活を支えている社会資源，ハード的要素	小学校，病院，集会施設
第3：意識(ココロ)	コミュニティへの愛着心や帰属意識，一体性や親密性，行政等への参加の意欲，地域生活満足度など「コミュニティ意識」というソフト的要素	町内会への参加意欲や，参加の度合いなど
第4：行事(イベント)	親しい人間関係を主軸とした，共通の問題を解決していく自発的な活動や運動で，意識(ココロ)が派生してくる活動	祭り，住民活動。地域の防災訓練など

出所：平野隆之・宮城孝・山口稔『コミュニティとソーシャルワーク 新版』有斐閣，2001年，7頁を基に筆者作成。

コミュニティ意識を挙げています。これは，市政への参加の意欲，愛着心，ニーズ，地域生活満足度などが含まれます。第4のコミュニティの要素として，「親しい人間関係を主軸として，共通の問題を解決していく活動や運動そのものを差し」[3]共同学習，共同訓練などを含む行事（イベント）として説明しています（表1-6）。特に，意識に関しての情報を集める際には，住民から直接話を聴いたり，アンケート調査を実施したりすることが必要となります。金子は，感情指標として，「地域住民の協力意欲」「地域愛着心」「地域が好き」と言った指標を用いて調査を実施しています[4]。

　最初に地域調査を始めようとする時に，「どの地域」の調査をするかというところから考える必要があります。市町村圏域，学校区圏域，町内会圏域，団地内と様々です。圏域が広いと統計的なデータが中心になりますが，圏域が狭くなると質的・事例的にニーズを把握することができるようになり，よりその圏域のニーズに即した調査が可能となります。地域調査を何に活かすのかということを考えた上で，どの範囲での調査を実施するのが良いかを検討することが求められます。圏域が狭くなればなるほど，データとしての情報収集は難しくなります。その地域に入り，地域住民の方たちとともに情報を集めていくことになります。

　本節では，前述した金子のコミュニティ要素モデルに基づいて，地域調査を行ってみましょう。

3　ワ　ー　ク

（1）調査対象地域の選定

　4～6人のグループに分かれます。グループの中で，調査をしたい地域を決めて下さ

い。選ぶ地域の範囲は，情報が得られやすい市区町村を選択しましょう。

選んだ地域：
その地域を選んだ理由：

（2）コミュニティ要素モデルに基づく地域調査

　コミュニティ要素モデルに基づいて上記で選択した地域の情報をまとめてみましょう。また，すぐに得ることができない情報については，どのように情報を収集すれば良いかの計画を立ててみましょう。

	調べたこと	さらに調べることが必要な場合，調べる方法
第1：関係 （ヒト）		
第2：物財 （モノ）		
第3：意識 （ココロ）		
第4：行事 （イベント）		

（3）地域のストレングスと課題

（2）で見出したことから，あなたが調べた地域のストレングスと課題を挙げてみましょう。

ストレングス	
課　　題	

---

4 解説とまとめ

　地域の調査は一朝一夕でできるものではありません。大量にある情報から必要なデータを選択したり，分類したり，整理したりしながら，実施します。行政のホームページや，社会福祉協議会のホームページ，また，各種福祉計画も有効に活用できる情報源です。情報の収集だけでは，地域調査として十分ではなく，その地域のことを知るためには，住民や働いている人から直接話を聴く（インタビュー調査，アンケート調査），実際に歩いて，視て（フィールドワーク），地域のことを理解していくことが必要です。

　大切なのは，地域のストレングスもみようとする視点です。その地域にある活用できるものを活用するためにも，課題ばかりに目を向けるのではなく，どのようなストレングスがあるかという視点を大切に地域調査に臨んで下さい。⁽⁵⁾

注
(1)　金子勇『都市高齢社会と地域福祉』ミネルヴァ書房，1993年，107頁。
(2)　金子勇『地域福祉社会学』（MINERVA 福祉ライブラリー⑮）ミネルヴァ書房，1997年，122頁。
(3)　同前。
(4)　金子勇，前掲(1)，137頁。
(5)　川上富雄『地域アセスメント――地域ニーズ把握の技法と実際』学文社，2017年，15頁。

参考文献
笠原千絵・永田祐編『地域の〈実践〉を変える社会福祉調査入門』春秋社，2013年。
梶田真・加藤政洋・仁平尊明編『地域調査ことはじめ――あるく・みる・かく』ナカニシヤ出版，2007年。
岩間伸之・原田正樹『地域福祉援助をつかむ』有斐閣，2012年。

13 地域調査②
——調べた内容についてプレゼンテーションするための準備を行う

1 ねらい

　人に効果的に物事を伝えるために，あなたは何をしますか。どのように伝えるかということを入念に準備するはずです。それがプレゼンテーションです。プレゼンテーションにおいては，「何を」「どのように」伝えるかという準備が大切です。ここでは，前項の地域調査で調べた内容をどのようにまとめたら人に効果的に伝えることができるかを学びます。

2 概　念

　プレゼンテーションとは，「ある特定の目的に基づいて，限られた時間の中で効果的に情報を伝達し，その結果として，判断や意思決定をしてもらうための，積極的な動機づけを行う，コミュニケーションの方法[(1)]」です。自分が伝えたいことを伝えたように伝えるのではなく，相手の立場に立ち，どうしたらわかりやすいか，理解してもらえるか，「目的やテーマを明確にして」，伝え方をしっかりと考えた事前準備が必要になります。プレゼンテーションには，「準備（preparation）」内容を準備する，「デザイン（Design）」資料を準備する，どのように見せるか準備する，「実施（delivery）」という3つの要素があります[(2)]。

　それぞれに入念な準備が必要ですが，本章では「準備」について学んでいきます。どのような内容にしていくかを考える際にまず大切なことが「自制心」を働かせることです[(3)]。伝えたいことがたくさんあったとしても何を一番伝えたいかという「核となるメッセージ[(4)]」を見極めることが必要です。そのためには，付箋やホワイトボードなどを活用して，何を伝えたいかのアイデアを出しながら，核となるものを見極めていきます。

　次にストーリーの組み立て方を考えます。ストーリーは序論，本論，結論から成り立たせます。序論は，プレゼンテーションの導入部分であり，聴き手が興味を持てる内容にすることが求められます。本論は，何を伝えたいかを箇条書きにしながら，不必要なものは削除して，なるべくシンプルなストーリーにしていきます[(5)]。ストーリーの組み立て方には様々な方法がありますが，代表的な3つの方法を紹介します（図1-5）。

図 1-5　ストーリーの組み立て方

(1) ホールパート法

　最初に全体を俯瞰したことを伝える。例えば「この地域の特徴は全体で 3 つあります。」と述べてそれら 3 つの特徴を伝える。そして最後に全体に戻って特徴を伝える。

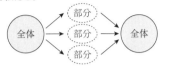

情報量が多いときにもわかりやすく伝えることができる

(3) 時系列法

　この地域は過去こうでした，現在はこうです。将来はこれを目指しています。これを目指すためにこうしていくと良いです，と提言する。

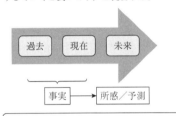

時間軸で情報を整理しながら話すことができる

(2) PREP法

結論（P）	• POINT •「〜してください」「〜をお勧めします」
理由（R）	• REASON •「〜というのは」「なぜなら」
事例（E）	• EXAMPLE •「たとえば」「例として」
結論（P）	• POINT •「ですから」「よって」

相手に強く勧めたい情報がある場合や，説得したい場合に有効

出所：若林郁代『これだけは知っておきたい「プレゼンテーション」の基本と常識』フォレスト出版，2007年，66-73頁を参考に筆者作成。

３　ワ　ー　ク

（1）核となるメッセージを決める

1. 地域調査を実施したグループでプレゼンテーションの準備をします。まず，印象に残っている事柄や，伝えたい事柄をメンバー一人ひとりが付箋に書き出します。躊躇せず，思い付くものをできるだけたくさん書き出していきましょう。

2. メンバー一人ひとりが出した付箋を，内容の似たものでグループ化します。その際に，プレゼンテーションで一番伝えたい，核となるメッセージを決めて下さい。付箋に書かれたことでも，書かれたことから新たに考えても構いません。メンバーが納得するものにしましょう。

（2）ストーリーを組み立てる

　（1）-「1.」でグループ化した内容を見ながら，どの方法でストーリーを組み立てるのが良いか考えてみましょう。組み立てる時には，どう相手に伝えたら伝わりやすいかを考えてみましょう。

〈ストーリーを選んだ理由〉

（3）スライドに落とし込み資料を準備する

１．組み立てた付箋を白紙に張っていきます。白紙１枚を，スライド１枚として準備していきましょう。足りない言葉は，白紙に書き足していきます。

２．パソコンを使ってプレゼンテーション用の資料（パワーポイントファイル等）を作成しましょう。

4　解説とまとめ

　ソーシャルワーカーとして,「相手の要望を聞こうという姿勢」「相手の立場に立って考える習慣」は大切であり,これらはプレゼンテーションに先立ち資料をまとめるためにも求められる能力です。なぜなら,資料をまとめる際には,聴き手にメッセージをしっかりと理解してもらうことが必要で,相手の立場ではどのように考える可能性があるのかということを常に意識する必要があるからです。

　本節では,プレゼンテーションの準備として,伝えたい内容を絞りまとめる方法を学びました。どのようにしたら聴き手に伝わる内容にまとめることができるか考えながら,聴き手の立場に立ってまとめることができたでしょうか。第三者の立場に立つ訓練は,「ソーシャルワークの実践能力を向上させること」にもつながるものです。[6]他者の視点から物事を考える練習として,資料をまとめることを意識してみてください。

注

(1)　小林敬誌・浅野千秋『プレゼンテーションの技法+演習』実教出版,1996年,64頁。
(2)　ガー・レイノルズ『プレゼンテーション Zen 第 2 版』丸善出版,2014年,16頁。
(3)　同前書,53頁。
(4)　同前書,55頁。
(5)　若林郁代『これだけは知っておきたい「プレゼンテーション」の基本と常識』フォレスト出版,2007年,56-58頁。
(6)　武田丈「ソーシャルワーク技術を高めるためにソーシャルワーカーに必要なプレゼンテーションの能力を高める(2)」『月刊福祉』87(2),2004年,84-87頁。

参考文献

プレゼンテーション研究会『学生のためのプレゼンテーション・トレーニング』実教出版,2015年。
中野美香『大学生からのプレゼンテーション入門』ナカニシヤ出版,2012年。

14 地域調査報告
──プレゼンテーションの効果的な方法を理解する

1 ね ら い

　ソーシャルワーク実践において，ソーシャルワーカーは高いコミュニュケーション力が求められます。そのコミュニケーション力を高めるためには，「伝える技術」の習得が必要です。この演習では，「伝える技術」について，グループによるプレゼンテーションを通して学びます。

　さらに，調査報告では情報を伝える側が受け取る側を意識して発表します。それを受け取る側はどのように受け止められたかを聴講者から発表者へフィードバックをします。フィードバックの方法としては，発表者自身が評価するための自己評価票と，情報を受け取った聴講者が発表を評価するグループ評価票を使って行います。

2 概　念

　プレゼンテーションの実施段階における基本スキルは，以下の通りです。発表者は，明記された内容を参考にして発表を行います。聴講者は，発表を評価するための目安として下さい。

１．はじめの挨拶は，笑顔と明るい声，またはっきりとした口調で行いましょう。

２．第１印象は「外見」と「話し方」で９割決まります。アメリカの心理学者アルバート・メラビアンによると，好意を感じられる第１印象に影響を与えるのは，「表情や身振りなどの視覚情報」が55％，「声の大きさや話す速度などの聴覚的情報」が38％，「話の内容や言葉の意味などの言語情報」が７％であるとされています。

３．伝える順序と相手に合わせた表現をしましょう。基本的な話の順序は，「導入⇒本論⇒まとめ」となります。導入では，聞き手に心の準備をしてもらうために，最初にこれから何について話をするのかを伝えます。本論では最も伝えたいことや結論を，短く簡潔に伝えます。伝えることがうまくいかない人は，細かくすべてを説明しようとして，結論までに時間がかかります。まとめでは最後にもう一度確認することを伝え，提供した内容（プレゼンテーション）の要点を整理して，重要ポイントを明確にしましょう。

４．相手の聴力や状況に合わせて，話すスピードや声の大きさを適切にコントロールし

ましょう。

5．アイコンタクトをしましょう。話しながら相手の目をみる，つまりアイコンタクトは，「あなたに話していますよ」というメッセージとなります。ワンセンテンス（一文）を話す間，一人の目を見て語りかけるようにします。

6．ゴールを共有しましょう。最後にテーマに戻り，しっかりと聞き手に自分のメッセージが届いたかを確認して終わります。最終的には，聞き手に感謝を述べてプレゼンテーションを終了します。また準備の段階から，「ぜひこれを伝えたい」という能動的な気持ちに切り替え，取り組むようにしましょう。

3　ワーク

　このワークでは，必要に応じて 2 回の演習を用いてプレゼンテーションの実施と評価を行います。演習の流れは次の通りです。

1．自己評価シートを各 1 枚，聴講したすべての学生が相互評価できるようグループ評価シート配布します。

2．事前に決めた順序で，グループごとにプレゼンテーション（口頭発表）を行いましょう。発表時間は 1 グループ〇〇分とします。

3．発表は，学生全員に資料を配布し，スライド（PowerPoint）を使用して発表を行いましょう。発表は，必ずメンバー全員で行います。

4．発表が終わったら質疑応答を行います。聴講した学生は，質問だけでなく良かった点やアドバイスを述べましょう。

5．最後に，発表者は，自己評価シートの項目評価および総合評価を記入し，自己評価とします。また，感想欄には文章で記入します。聴講した学生は，グループ評価シートに，項目別評価および総合評価を記入し，よかった点およびアドバイスなどを文章でそれぞれ記入しましょう。

6．すべてのグループ発表が終了したら，グループ評価シートを閲覧し，グループで振り返りを行います。グループでの振り返りでは，地域調査，資料作成，プレゼンテーションまでの各過程について話し合いましょう。また，発表用資料についても改善の必要がある場合は合わせて話し合いましょう。

7．最後に，グループごとに振り返りに関して話し合われたことを報告しましょう。

8．振り返りに基づき，改善された発表用資料を提出しましょう。

自己評価シート

自己評価	5段階評価
1．伝えたいことは明確にできたか	5　4　3　2　1
2．協力して作業ができたか	5　4　3　2　1
3．チームへの貢献は十分か	5　4　3　2　1
4．総合評価（プレゼンテーションは全体的にうまくいったか）	5　4　3　2　1
感想	

評価者（　　　　　　　　　）

グループ評価シート

評価したグループ（　　　　　　　　　）

グループ	5段階評価
1．内容　伝えたいことは明確に伝わったか	5　4　3　2　1
2．資料　わかりやすかったか	5　4　3　2　1
3．話し方（声の大きさ，早さ，明確さ，間の取り方など）	5　4　3　2　1
4．態度（ボディーランゲージ，アイコンタクト，熱意など）	5　4　3　2　1
よかった点	アドバイスなど

評価者（　　　　　　　　　）

※評価基準

5＝よい　4＝まあまあ　3＝ふつう　2＝もう少し　1＝努力不足

4　解説とまとめ

　「伝える技術」には，口頭によるコミュニケーションと，文章や絵によるコミュニケーションがあります。ソーシャルワーカーは，クライエントや家族への説明，上司への報告，同僚への連絡，地域住民への説明など，多くの場面で，口頭で伝える力が求められます。しかし，口頭でのコミュニケーションには限界があります。伝える時間や説明する時間が限られている時や，話しことばのみで説明することが難しい時などは，必要に応じて，書（描）くことも活用します。

　今回作成した資料は，重要なポイントを整理し，わかりやすい図表や絵・写真を使って工夫されたと思います。これは，クライエントや家族への説明においても，相手に提示しながら伝えると，メッセージを耳で聞き，目で確認してもらうことができ，とても有効な方法です。

　本章第11〜13節では，グループを作りグループメンバー全員で地域を調べ，資料を作成し，発表する活動を行い，最後にグループで振り返りをしました。活動を振り返っていかがでしたか。満足のいく成果を残すことができたグループから，段階ごとに課題が見えてきたグループまで様々な評価であったと思います。更に，グループの課題だけでなく，個人の課題として具体的な課題が見えたことと思います。これらの課題を改善し，再び活動を行うことがソーシャルワーク実践では求められます。品質管理分野で生まれた概念に「PDCA サイクル」というものがあります。「Plan（計画）」⇒「Do（実施）」⇒「Check（評価）」⇒「Act（改善）」の４つの段階を螺旋形で繰り返すことで，業務や品質が改善・向上するという考え方です。ソーシャルワーク実践においても，実践の途中や最後に立ち止まり客観的に確かめることで，成果や課題が明らかになります。

参考文献
　株式会社ザ・アール『これだけは知っておきたい「プレゼンテーション」の基本と常識 改訂新版』フォレスト出版，2017年。
　三谷宏治『ゼロからのプレゼンテーション』プレジデント社，2017年。

15 まとめ——自己評価の言語化と課題の明確化を図る

1 ね ら い

　本章は「ソーシャルワークの基礎」という位置づけであり，ケースからコミュニティまでの幅広いソーシャルワーカーの支援対象を理解し，そのうえで具体的な働きかけの方法としての基本的なコミュニケーション等について学ぶことを目的としていました。具体的には第1章1節にも掲載した以下の学習目標を達成することが期待されています。

① 　自己覚知への取り組みを通じて，自分自身，集団の中での自身，また地域生活における自身について明瞭な説明ができる。
② 　コミュニケーションの構造を理解し，基本的なコミュニケーションを実施することができる。
③ 　基本的な面接技術について説明ができる。
④ 　ソーシャルワーク・プロセスについて説明することができる。
⑤ 　ソーシャルワーク実践に必要となる記録についてその特性を説明することができる。
⑥ 　集団（グループ）の特質，グループダイナミクス，グループワークのプロセスについて説明することができる。
⑦ 　地域（コミュニティ）に関する理解と，その定義・役割，機能についてプレゼンテーションを実施することができる。

　本節では，これまでの第1章での取り組みを振り返り，学習目標に対してどのようなことを学ぶことができたのか，また今後継続するソーシャルワーク演習を含めた専門的な学習に向けて自己の課題はどのようなものなのかを具体的に把握することを目的とします。

2 概　　念

　私たちが日常生活の中で行う様々な行為には，ほとんどの場合，実施後の評価が伴います。例えば，親しい仲間と旅行に行った後には，「たのしかったね」「安く済んでよか

ったね」「もっと詳しく調べておけばよかったね」といった感想がメンバーから述べられます。これらの感想は,「旅行」という計画された余暇活動に対しての,体験に基づく評価であると言えます。また大学等において科目を履修した際には,最終的に成績という形で評価が付随してきます。成績評価は,履修した科目の理解度を測るためのものです。私たちは,評価という振り返りの機会を通じて,行動や体験を通じて得られたもの,またより発展的な体験に結び付けるための課題等を見出しています。

　ソーシャルワーカーが行うクライエント支援にあっても,支援を行ったことに対する評価が重要になります。クライエントとともに十分な検討を重ねて実施された支援が,本当にクライエントの生活のしづらさの解決や軽減に結果として作用しているのか,その効果性を測ることが求められます。そのような効果測定という評価を通じて,実施された支援の適切性,支援計画の妥当性,業務やサービスの改善の必要性,また同様に支援を必要とするクライエントへの専門的な支援の実践へ活かしていくことが必要となります。

　ソーシャルワーカーは専門職として他者への支援という取り組みをより科学的に評価するといった専門的な技術が求められているわけですが,であるからこそ,まずは自らの学習について客観的に学習の効果性や課題を評価できることが必要となります。

3　ワ　ー　ク

（1）第1章の振り返り

　第1章を学習した中での学びや気づきについて書き出してください。

第1章の学びと気づき

（2）学習目標に対する評価

　第1章の学習目標に対して,獲得できた知識や技術について書き出して下さい。

学習目標	獲得できた知識・技術
1）自己覚知への取り組みを通じて,自分自身,集団の中での自身,また地域生活における自身について明瞭な説明ができる。	

2）個人に対する基本的なコミュニケーションを実施することができる。	
3）集団に対する基本的なコミュニケーションを実施することができる。	
4）人間（個人）に対する理解について明瞭な説明ができる。	
5）グループに関する基本的な知識・特性について明瞭な説明ができる。	
6）グループダイナミクス理論について説明ができる。	
7）地域（コミュニティ）に関する理解と，その定義・役割，機能について報告することができる。	

（3）自己課題と対策の明確化

　第1章の学習目標に対して，課題となったこと，またそれら課題の克服のために行うべき対策について書き出してください。

1）自己覚知への取り組みを通じて，自分自身，集団の中での自身，また地域生活における自身について明瞭な説明ができる。	
課題	対策

2）個人に対する基本的なコミュニケーションを実施することができる。	
課題	対策

3）集団に対する基本的なコミュニケーションを実施することができる。	
課題	対策

4）人間（個人）に対する理解について明瞭な説明ができる。	
課題	対策

5）グループに関する基本的な知識・特性について明瞭な説明ができる。	
課題	対策

6）グループダイナミクス理論について説明ができる。	
課題	対策

7）地域（コミュニティ）に関する理解と，その定義・役割，機能について報告することができる。	
課題	対策

4 **解説とまとめ**

　第1章での学習を振り返り，印象に残っていることや学びについて，改めて言語化することで学習をより客観的に評価することができます。またより厳密に学習内容を評価する際には，単なる印象ではなく，具体的な根拠に基づいて評価することが必要です。加えて，第1章で学ぶべきすべての事項について「完全に理解ができた」とは言えない項目もあるかもしれません。学ぶことで自身の課題が明確化した，という人もいるかもしれません。課題を把握し，その課題の解決のためにはどのような更なる学習が必要なのかを明らかにすることは，専門的な学習を継続していく上で大変重要な要素になります。

　主観や感覚的ではなく，根拠（エビデンス）に基づく客観的な評価を行う，またそのような視点をもって評価を実施できるようになることは，ソーシャルワーカーとしての専門性の担保することに繋がってくるものです。そのような実践（学習）評価の積み重ねがゆるがない実践力となってきます。

　第1章を通じて確認された知識と技術，また不足している自身の課題と対応策を念頭に，次のステップである第2章の学習を進めてください。

参考文献

　社会福祉士養成講座編集委員会編『相談援助の理論と方法Ⅰ　第3版』（新・社会福祉士養成講座⑦）中央法規出版，2015年。

　中村文子・Bob Pike『研修　アクティビティハンドブック』日本能率協会マネジメントセンター，2019年。

第2章

ソーシャルワークの展開

1 第1章の振り返り
——学習内容の確認と自己課題を把握する

1 ねらい

　これまで学んだ第1章では「ソーシャルワークの基礎」という位置づけで個人（ケース）や集団（グループ），地域（コミュニティ）など，いわゆるソーシャルワーカーが支援の対象とするクライエントシステムについての基礎的な学習をしました。また，自分や地域の自己覚知，基本的なコミュニケーション，面接技法，記録，地域調査とプレゼンテーションの方法についても学習しました。

　これらをふまえ，本節では第1章を振り返り，学習内容を確認し自己課題を把握します。そして，これから取り組む第2章の学習目標を，明確にします。

2 概　念

　第2章は，「ソーシャルワークの展開」という位置づけとなります。具体的には，第1章で学習したクライエントシステムに関する理解を踏まえ，ケースワーク・グループワーク・コミュニティワークのプロセスの展開と，そこで活用される技術（面接やプログラム分析，アウトリーチ，チームアプローチなど）などについて学習します。

　第2章では，下記の目標を達成することを目指します。
　　① ソーシャルワークのプロセス（展開過程）について説明ができる。
　　② 基本的な面接技術について実践できる。
　　③ グループワークのプロセス（展開過程）と，ソーシャルワーカーの役割について，明瞭な説明ができる。
　　④ グループワークにおける専門技術について実践できる。
　　⑤ コミュニティソーシャルワークのプロセス（展開過程）が説明できる。
　　⑥ アウトリーチ，チームアプローチ，ネゴシエーション，ネットワーキング，社会資源の活用・調整・開発といった援助技術について，その目的と方法について説明できる。
　これらの目標が達成されるよう，しっかり学んでいきましょう。

3　ワーク

1. これまで学んだ第 1 章の内容について, 以下の項目に沿って説明・自己評価しましょう。

チェック項目	説明・自己評価
①　専門職である自分の価値観や思考傾向について説明しましょう。	
②　個人に対する基本的なコミュニケーションを実施することができますか。	全くできない　　　　　　　　全くできる ┠──┼──┼──┼──┨ 　1　　2　　3　　4　　5
③　面接時における言語・純言語・非言語の意義と効果について説明しましょう。	
④　ソーシャルワークのプロセス（展開過程）を説明しましょう。	
⑤　記録の種類と様式について説明しましょう。	

⑥　集団（グループ）の定義・機能・構成について説明しましょう。	
⑦　グループダイナミクスについて説明しましょう。	
⑧　グループワークのプロセス（展開過程）について説明しましょう。	
⑨　自身の生活と地域社会とのつながりについて説明しましょう。	
⑩　コミュニティの定義と概念について説明しましょう。	
⑪　コミュニティ要素モデルに基づく特定の地域の調査方法について説明しましょう。	
⑫　プレゼンテーションの準備方法を説明しましょう。	

2．複数人で確認し合いましょう。

4　解説とまとめ

　ここでは各チェック項目に基づいて, 簡単に第1章を振り返ります。

　まず自己覚知とは, 「ソーシャルワーカー自身が意識的に自らのことを深く知り, 自己理解を目指すこと」を言います (第2節)。個人に対する基本的なコミュニケーションとして, 「コミュニケーションをとる時の位置が, 物理的雑音として影響すること」や, 「非言語であっても, 一生懸命聴く姿勢とそうでない姿勢は, 話す側の気持ち (心理的雑音) に影響を与えること」を学びました (第3節)。その上で面接ではメラビアンの法則やミラーリング, Yes Set などの言語・準言語・非言語の知識や技法を駆使し, クライエントと「信頼関係を構築し, 援助を展開」することを学びました (第4節)。

　ソーシャルワークは, ケースの発見→インテーク (受理面接) →アセスメント (事前評価) →プランニング (支援計画の作成) →インターベンション (支援の実施) →モニタリング (経過観察) →エバリュエーション (支援に対する評価) →ターミネーション (支援の終結) の順で展開します (第5節)。また記録の種類には, 支援記録と運営管理記録があり, ソーシャルワーカーは叙述体 (過程叙述体・圧縮叙述体・逐語叙述体) や要約体, 説明体, あるいは SOAP などの記録様式を適切に記述したり, データの改ざんや流出, 紛失の防止など, 記録管理の徹底をはからなければなりません (第6節)。

　集団の基本的要件は一般に, 「その集団の構成員間に共通する規範や思考の枠組みがあること, その集団に共に所属するという感情があり, メンバー間に一定の相互作用が継続されていること」(第7節) といえ, グループダイナミクスは, 「グループを一つの『システム』と捉え, そのシステムの中でメンバー間の相互作用によって生まれる集団圧力, 集団凝集性, またリーダーシップといった特質」のことを指します (第8節)。そしてグループワークは準備期→開始期→作業期→終結期と展開していくことを学びました (第9節)。

　一方, 自分が住む自治体の特徴や地区と自身の生活との関係, 地域の社会資源などについて確認しました (第10節)。そして, 「地域性に基づき, 人々の共同生活が営まれる場所で自然発生的に生まれる集団」であるコミュニティと, 「何らかのテーマを掲げてつくられた集団」であるアソシエーション, そして, 「その地域における人間関係や社会活動の豊かさを表現する」ソーシャル・キャピタルを学びました (第11節)。その上で, 「関係 (ヒト), 物財 (モノ), 意識 (ココロ), 行事 (イベント) の4つからなる」コミュニティ要素モデルに基づく調査の方法を学びました (第12節)。そして地域調査の結果は, ワークを通し, ①核となるメッセージを決める, ②ストーリーを組み立てる, ③スライドに落とし込み資料を準備する, というステップでプレゼンテーション準備を学びました (第13節)。

2 人間（個人）の理解
──エコロジカル視点，バイオ・サイコ・ソーシャルの視点を学ぶ

1 ね ら い

　Aさんは，嘘をつくので"信用できない人"です。このようにあなたは人のことを「〜な人」と「ラベリング」したことはありませんか。あなたは自分のことを「〜な人」と一言で，一つの側面だけを取り上げられて「ラベリング」された時，どのように感じるでしょうか。個人を理解するためには，個人の多様な側面を理解することが必要です。と同時にその個人は今ある「社会」「環境」の中に在るのだという視点も大切です。個人を総合的に理解するための視点を学びましょう。

2 概　　念

　ソーシャルワークの中で常に大切にされてきた概念に「状態にある人間」というものがあります。これは，人が社会の中で困難を抱えている状況を改善するためには，その人だけに働きかけるのではなく，その人の置かれている環境にも働きかける必要があるという考え方で，ジャーメイン（C. B. Germain）とギッターマン（A. Gitterman）により体系化されたエコロジカルモデルの考え方の基礎となっています。エコロジカルモデルでは，「人間と環境，およびその関係形態に同時に焦点を当てること[2]」を大切にしています。この「状態にある人間」を統合的に見ようとする方法に「バイオ・サイコ・ソーシャルモデル」があります。このモデルは，内科医であったエンゲル（G. L. Engel）により1970年代後半に提唱され，医学が「心と体の関係に着目」するようになった転換を作ったといえます[3]。バイオ・サイコ・ソーシャルモデルとは，「『その事』が起きているという事態を，生物的次元，心理的次元，社会的次元の相互作用として認識する」ためのモデルです[4]（表2-1）。

3 ワ ー ク

1．次の事例（事件）を読み，あなたはR君の父親Sとはどのような人物だと理解しましたか？　あなたの考え（理解したこと）を文章にしてみましょう。

表 2-1　バイオ・サイコ・ソーシャル別に見た「BPSS インタビュー」の質問例

分　類	内　容	質問の例
バイオ（生理的・身体的機能状態）	健康状態や ADL，IADL の状況，能力など　例：疾患がある場合の診断名，現在の身体の状態（症状），身体的機能としてできることやできないこと（車イス），理解力など	・あなたの健康（病気やけがの経験）の状態について話してもらえますか？ ・あなたが心配する症状は何ですか？ ・病状を管理したり治療したりするのに必要な治療や方法は何ですか？ ・日常生活を送る上で，できることできなくて困っていることは何ですか？
サイコ（精神的・心理的状態）	クライエントの心理状態や意欲，意思の強さ，嗜好，生活やサービスに関する満足度など	・今の状況についてあなたの気持ちを教えてください。 ・診断を受けた後に，あなた自身，あなたの家族，あなたの活動（たとえば，仕事，趣味，家事，その他）にどんな変化がありましたか？ ・どのような「考え方」があなたを元気にしますか？
ソーシャル（社会環境状態）	家族や親族との関係，近隣関係，友人関係，住環境や就労状況，収入の状況，利用可能な社会資源など	・あなたの傍にいる誰があなたの健康について心配しますか？ ・あなたを感情的に，精神的に助けてくれる人は誰ですか？ ・家族や職場について心配なことはありますか？ ・あなたの生活の支えになっている人や物事は何がありますか？

注：質問例は，「BPSS インタビュー」として，『バイオ・サイコ・ソーシャルアプローチ』の中で紹介されているものに筆者が加筆したものです。それぞれの理解を深める参考にしてください。
出所：日本社会福祉士養成校協会「相談援助演習のためのガイドライン」2015年を基に筆者作成。

―― 事　例 ――

　2014年 5 月，神奈川県厚木市内のアパートで，幼い男の子の白骨遺体が発見されました。男児，R君は，5 歳 7 カ月で亡くなっており，生きていれば中学 1 年生でした。

　厚木児童相談所が警察署に「今春に中学校に入学するはずの男の子が行方不明になっている」と届け出たことがきっかけで，R君はゴミに埋もれた部屋の布団の上で発見されました。父親のS（36歳）は発覚するまで 7 年以上，ずっと家賃を払い続けていました。

　Sは当時，トラック運転手だった。長男のR君が 3 歳のとき妻が家を出て行き，その後，自分や妻の実家にも勤務先の会社にも，1 人で子育てをしているとは伝えませんでした。ガス，電気，水道が止まった部屋で，雨戸を閉めきり，真っ暗闇の中で，6 畳間の外とつながる掃き出し口と，ふすまの出入り口をガムテープで止め，子どもが外に出て行かないよう閉じ込めていました。この事件を，新聞社は次のように報道しています。「母親が家を出た後，父親も交際相手ができ，（R君は）一人取り残された。電気を止められた部屋で，R君は父親が時折持ってくるパンの袋を開ける力もなくなっていた。」（「毎日新聞」2014年 6 月16日付）

あなたの考え（理解したこと）

2．次の文章は，この事件を取り上げた著書からの抜粋です。Ｓについて，バイオ・サイコ・ソーシャルの３つの視点から分かったことを箇条書きにまとめてみましょう。(5)

Ｓの母親は，Ｓが12歳の時に統合失調症を発症していました。「親に甘えた記憶はないです。悩みを相談したこともない」と裁判で述べています。Ｓは幼い時に３度の食事を食べた記憶もなく，母親が外で大きな声を出しているのを，自身で家の中に引きずり込んだことがあったと言っています。誰にも相談せずに，仕事で家に不在がちな父親とＳで母親の病気に対処していたと考えられます。

Ｓは高校を卒業後，専門学校を中退し，家を出て，アルバイトでトラック運転手として働きました。当時18歳の妻と23歳の時に出会いました。妻も親との関係が悪く，家出し，Ｓのアパートに転がり込み，生まれたのがＲ君でした。若年出産でしたが，家庭の中に支援が入ることはありませんでした。出産時，Ｓはアルバイトからペンキ職人になりますが，収入が不安定で，消費者金融から借金をしていました。そうした中で，Ｓは運送会社に転職しますが，長時間労働の勤務体系となり，妻は孤立していきます。

妻は，Ｒ君が３歳の時に「買い物に行く」と言って家を出たきり，戻ってこなくなりました。妻がいなくなった後も，Ｓは生活を守るために変わらず長時間労働をこなしました。トラック運転手としての勤務は週６日。会社に言われるがままに，１日12時間の長時間労働をしながら，Ｒ君を育てていました。会社での評価は，社員の20％だけが受ける高評価の「Ａ」でした。Ｒ君と２人で過ごしたおよそ２年間，誰にも助けを求めず，自身が思う「子育て」をしていたのです。精神鑑定を行った精神科医も，Ｓは不適切ではあっても，当人は子育てをしているつもりだったと証言しています。

食事はコンビニで買ったおにぎりとパン，500ml のペットボトルに入った飲み物，出勤の日には１日２回，休みの日には日に３回与え，自分も一緒に食事をしていました。Ｒ君と一緒に紙をちぎって，ひらひら舞い落ちる感覚を楽しんで遊んだ形跡も残っていました。Ｒ君と２人での生活が始まった当初は，車を所有していて，休みの日にはＲ君を乗せて少し遠くの公園に出かけていました。Ｓには，軽度の知的障害があり，そのハンディキャップから，Ｒ君の小学校への入学について「気になったが深く考えていなかった」と裁判で証言したように，将来の見通しについて考えにくい特質を持っており，時間に関しての概念もあいまいでした。一方，Ｓは，遅刻や早退，欠勤なく働き続け，先に述べたように，職場からの評価は高いものでした。これは，ルーティンワークをコツコツ積み重ねる力が，前面に出たためだともいえます。

Ｓは託児所があることを知らず，児童相談所の存在も知りませんでした。裁判では「子育てと仕事の両立に追い詰められていた」とも述べています。Ｓができることは，粘着テープで子どもが部屋から出ないようにして，子どもの安全を確保すること，必死に仕事に取り組むことで，自分の窮状を誰かに訴えたり，相談したり，という方法を知らなかったのです。

バイオ（生理的・身体的機能状態）	
サイコ（精神的・心理的状態）	

ソーシャル（社会環境状態）	

3．あなたが最初に理解したＳ（「1.」）と，バイオ・サイコ・ソーシャルの視点（「2.」）で理解したＳとには違いがありましたか。その違いを振り返ってみましょう。

4　解説とまとめ

　バイオ・サイコ・ソーシャルモデルとは，前述したように「医学」の分野から発展した理論です。それは，医師が，患者の内面で起きている事象を，心理的，社会的という外部の要因との関係で捉えることの大切さを訴えたもので，チーム医療の大切さを示すものとなっています。ソーシャルワーカーは，他専門職者と協力しながら実践をしていく専門的スキルを持つ者です。クライエントを一専門職で，完璧に理解することは不可能なことを常に念頭に置き，他専門職と協働することを大切に，またクライエントのことを最も理解しているのはクライエント本人であることを基礎に実践に臨んで下さい。もしあなたが，前項「1.」でＲ君の父親Ｓを，「残虐な父親である」とラベリングしていたとしたら，そのラベリングを覆すことは簡単なことではありません。「〜な人」という安易なラベリングの危険性を認識し，自分が人を見る「限界」を認識し（自分の癖や傾向を知る），クライエント理解に臨んで下さい。また，本節で紹介したバイオ・サイコ・ソーシャルの視点は，「個人をどのように捉えるか」「人を理解するための人に対する見方」の一つであるといえます。表面的な理解だけではなく，その人の内面，置かれている環境へ理解を働かせることが大切であるということを示唆しています。一方で，ソーシャルワークの分野ではこの他にも人を理解するための理論や方法は種々あります。より多くの理論を学び，理解し，ソーシャルワーカーとしてクライエントをより深く理解するための研鑽を続けて下さい。

注
(1)　平山尚・武田丈『人間行動と社会環境——社会福祉実践の基礎科学』ミネルヴァ書房，2000年，10頁。
(2)　平山尚・平山佳須美・黒木保博・宮岡京子『社会福祉実践の新潮流——エコロジカル・システム・アプローチ』ミネルヴァ書房，1998年，30頁。
(3)　渡辺俊之・小森康永『バイオサイコソーシャルアプローチ——生物・心理・社会的医療とは何か？』金剛出版，2014年，27頁。
(4)　同前書，18頁。
(5)　杉山春『児童虐待から考える——社会は家族に何を強いてきたか』朝日新書，2017年。

3　面接技法②──適切な姿勢と態度を理解する

　本節では面接場面における適切な姿勢と態度の2点を理解し，実践に活かせるように
なることを目的とします。

　面接はクライエントの相談目的である問題を解決するためのソーシャルワーカーが用
いる大切な手法の一つです。岩間は，「『相談面接』とは，『一定の状況下において，
ワーカー（面談者）とクライエント（被面談者）とが，相談援助の目的をもって実施する
相互作用（コミュニケーション）のプロセス』と定義」(1)しています。よって面接する側が
一方的に聞きたいことだけを質問することが面接ではありません。対人援助としての面
接とはソーシャルワークの価値・倫理に則り，ソーシャルワーカーとしての専門的な知
識と技術を駆使しクライエントの相談にあたることをいいます。

　重要なことは，対人援助として実施する面接は，マニュアル化した言葉のやり取りで
はないということです。一人一人違う課題を抱えるクライエントを前にした時に，ソー
シャルワーカーは人としてどのように寄り添うことができるか？　面接に至るための良
好な関係を構築するために何が必要なのか？　などの基本的姿勢を整えて面接に臨むこ
とが重要です。

2　概　　念

　社会福祉専門職が行う面接は，知識・技術・倫理がすべて統合された形で実施される
ことが望ましいです。しかしながら，言うは易く行うは難しであるため，まずは，面接
を行うための自分を整えるためにバイスティックの7原則について理解を深めたいと思
います。

　バイスティックの7原則とは，①クライエントの抱える困難や問題は，どれだけ似た
ようなものであっても，人それぞれの問題であり，同じ問題は存在しないとする「個別
化の原則」。②クライエントの感情表現の自由を認める「意図的な感情表現の原則」。③
ワーカー自身がクライエント自身の感情に呑み込まれないようにする「統制された情緒
的関与の原則」。④クライエントの考えはそのクライエントの人生経験や必死の思考か

ら来るものであり，クライエント自身の個性であるため，決して頭から否定せずどうし
てそういう考え方になるかを理解する「受容の原則」。⑤クライエントの行動や思考に
対して，ワーカーは善悪を判じないとする「非審判的態度の原則」。⑥あくまでも自ら
の行動を決定するのはクライエント自身であるとする「自己決定の原則」。⑦クライエ
ントの個人的情報・プライバシーは絶対に他方にもらしてはならないとする「秘密保持
の原則」の，7つの原則を指しています。

3　ワーク

（1）人の話を聞かない態度

1．ペアになり話し手と聞き手を決めましょう。話し手は自分の趣味について話をしま
す。聞き手は人の話を聞かないという態度を取ります。例えば，足組みや腕組みをする，
いっさい相槌を打たない，笑わない，顔を見ない，横や下など関係ない方向を向く，な
どです。役割を交替し，ロールプレイを実施しましょう。

2．ロールプレイ終了後，自分の話を聞いてもらえなかった感想をまとめましょう。特
にどんな態度が聞いてもらえないと感じた要因なのかも具体的にまとめましょう。

感　　　想	どんな態度が聞いてもらえていないと感じた要因なのか？

（2）相手の話をすべて肯定的に受け入れる態度
──個別化の原則・受容の原則・非審判的態度の原則

（1）と同じペアでワークをしましょう。（1）同様，話し手と聞き手を決めます。話
し手は自分の好きな食べ物について話をします。聞き手は問いかけに自由に答え，質問
などを交えて会話をしましょう。この時，相手の話の良し悪しを判断せず，否定せず，
相手の人間性をも認めていますという態度を自分なりに作って接しましょう。役割を交
替し，ロールプレイを実施します。ロールプレイ終了後，自分の話を聞いてもらえた感

想をまとめましょう。特にどんな態度が聞いてもらえたと感じた要因なのかを具体的に
まとめましょう。

感　　想	どんな態度が聞いてもらえていると感 じることができた要因なのか？

（3）自分の価値観に気づく──自己決定の原則

　（1）（2）とは別のペアになり，話し手と聞き手を決めましょう。話し手は，自分の
卒業後の進路希望について話をします。聞き手は問いかけに，自由に答え，質問などを
交えて会話をします。ただし相手の話の良し悪しを判断せず，否定せず，相手の人間性
をも認めていますという態度を自分なりに作って接します。また自分とは違うと思うこ
とも意識して進めましょう。役割を交替しロールプレイを実施しましょう。

　ロールプレイ終了後，ワークシートを作成して意見交換をしましょう。

自分の価値観と一緒と感じたこと	自分の価値観とは違うと感じたこと

4　解説とまとめ

　バイスティックの原則は相談援助技術の基本的姿勢です。よくある質問で，「自分の質問に上手く答えてくれないクライエントがいるが，どうしたらよいか？」と聞かれますが，「ワーカー自身の質問の仕方や態度を工夫してみる必要がある」というのがその解答の一つにあります。バイスティックの原則を自分自身がどれだけ認識して面接に臨めていたのかなどを，今一度意識して面接に臨んでみることが大切です。

　前項（1）で話をした人は，相手が聴いてくれないため空しさややるせなさを感じたかもしれません。また話を聴けなかった人は，逆に辛かったかもしれません。一方，前項（2）で話をした人は，相手が判断や否定をせず，自分の人間性をも認めているという態度を示してくれたことで，「私は受け容れられている」と感じたのではないでしょうか。このような感情をクライエントが抱くことが，信頼関係（ラポール）の構築へと繋がっていきます。

　また前項（3）では，利用者の自己決定の尊重という原則を頭ではわかっていても，自分と違う価値観の際には尊重できなくなることがあるかもしれません。しかし援助者は「人は自己決定を行なう生まれながらの能力を備えている[2]」という確固たる信念を持った上で，①クライエントが彼の問題やニードを明確に，そして見通しをもって見られるよう援助する。②クライエントが地域社会に存在する適切な資源を活用できるように援助する。③休止状態にあるクライエント自身のもつ資源を活性化する。④援助関係を，クライエントが成長し，問題を解決するための環境とする，等の役割が求められます。

　繰り返しになりますが，バイスティックの7原則を念頭に置き，それを実践として活用できるようにトレーニングをしていくことが，重要です。まずは，こうした原則が社会福祉専門職の行動規範及び，実践と関連していることを理解しておきましょう。

注
(1)　岩間伸之『対人援助のための相談面接技術——逐語で学ぶ21の技法』中央法規出版，2008年，8頁。
(2)　バイステック，F. P.／尾崎新ら訳『ケースワークの原則——援助関係を形成する技法　新訳版』誠信書房，1996年，161頁。

参考文献
岩間伸之『対人援助のための相談面接技術——逐語で学ぶ21の技法』中央法規出版，2008年。
日本医療社会福祉協会『保健医療ソーシャルワークの基礎——実践力の構築』相川書房，2015年。
バイステック，F. P.／尾崎新ら訳『ケースワークの原則——援助関係を形成する技法　新訳版』誠信書房，1996年。

4 面接技法③──基本的応答技法を理解する

1 ねらい

　本節では，面接における基本的応答技法，特に開かれた質問（オープンクエスチョン），閉じられた質問（クローズドクエスチョン），言い換え，要約，明確化について理解し，実践に用いることができる技術の習得を目標とします。

　よくある質問の一つに「クライエントがはっきりと回答をしてくれないが，どうすればきちんと回答をもらえるのか？」というものがあります。その回答の一つとして筆者は，「自分の質問の仕方を最大限工夫することからはじめてみましょう。特に相手の言語や反応に沿った質問をきちんとできているかどうかをよく省察してみましょう」と言います。これは著者自身が駆け出しの専門職の頃に言われた言葉の一つです。

　コミュニケーションは『広辞苑』では「社会生活を営む人間の間に行われる知覚・感情・思考の伝達。言語・文字・その他視覚・聴覚に訴える各種のものを媒介とする」と書かれています。言い換えると，「相手との相互作用を上手く機能させる一つの方法」と理解することができます。コミュニケーションは技術であり，日々の実践やトレーニングにより洗練され，より精度の高い面接及びコミュニケーションができるようになるのです。このような基本的応答技法を用いることは，コミュニケーションを適切に焦点化したり方向づけることになり，面接の目的や目標を達成するために有益です。

2 概　　念

　まず開かれた質問（オープンクエスチョン）とは「どう考えていますか？」などのように，制約を設けず相手に自由に答えさせるような質問の仕方です。この「開かれた質問に答える場合には感情表現が可能となり，当該のテーマにかかわるさまざまな気持ちや考えを示すことができ[1]」ます。また閉じられた質問（クローズドクエスチョン）とは相手が「はい，いいえ」または「AかBか」の択一で答えられるような，回答範囲を限定した質問の仕方です。この閉じられた質問は，「事実の確認や，クライエントが開かれた質問に答えることが難しい場合などに用い[2]」られます。一方要約とは，文章のポイントを短くまとめて示すことであり，明確化とは曖昧なことを明確にすること，言い換えと

は同じ事柄を別の言葉で言い表すことです。

3　ワーク

（1）クローズドクエスチョンからオープンクエスチョンへの変換

　クローズドクエスチョンをオープンクエスチョンへ変換するワークをしてみましょう。以下に例題を示しますので，オープンクエスチョンに言い換えてみましょう。また，例題④，⑤は2人ペアになり，クローズドクエスチョンを作り，互いに作った質問をオープンクエスチョンに変換してみましょう。

	クローズドクエスチョン	オープンクエスチョン
例題①	最近，映画は見ましたか？	
例題②	朝食は食べましたか？	
例題③	報告書はできましたか？	
例題④		
例題⑤		

（2）言い換え

クライエントが発した言葉を別の言葉に言い換えて返しましょう。

〈クライエント〉

私はわがままです→あなたは_____ですね

私は神経質です→あなたは_____ですね

私は優柔不断です→あなたは_____ですね

私はすぐ泣きます→あなたは_____ですね

私は臆病者です→あなたは_____ですね

私はだらしないです→あなたは_____ですね

（3）要約・明確化

ペアになり話し手と聞き手を決めます。話し手は最近あった嬉しかった出来事について話をしましょう。聞き手は話し手の話を聞きながら話を要約し，理解しにくかった部分を明確化することを必ず意識しながら聴きます。その後役割を交替し，ロールプレイを実施しましょう。以下のワークシートをメモに使用してもよいです。

4　解説とまとめ

　ワークでは開かれた質問（オープンクエスチョン），閉じられた質問（クローズドクエスチョン），言い換え，要約，明確化のトレーニングを本節では行いました。これら技術の効果を最大限活かすには，ソーシャルワーカー自身の心の準備，及び言語，非言語，準言語の，すべてを統合させ，且つソーシャルワーカー自身の価値を知ること（自己覚知）により上達していきます。そして，クライエントとの相互作用の結果，コミュニケーションや信頼関係を一緒に形成／創造していくということを認識しておく必要があります。

　例えば，クローズドクエスチョンばかり使うと尋問のようになってしまいかねませんし，オープンクエスチョンばかりですと相手が答えに窮してしまうかもしれません。またクライエントのネガティブな発言を，ポジティブな言葉に言い換えたらどうなるでしょう。「わがまま」は「しっかり自分の考えをもっている」，「神経質」は「細かいところまで目が届く」，「優柔不断」は「物事を色々慎重に考える」，「泣く」は「感情が豊か」，「臆病者」は「慎重な行動がとれる」，「だらしない」は「物事を気にしない」などです。こうすることで，クライエント自身に，別の側面を意識させる効果が期待できます。

　繰り返しますが，コミュニケーション技術は練習をしたからといってすぐに上達することはありません。日々の実践やトレーニングにより洗練され，より精度の高い面接及びコミュニケーションができるようになるのです。本日のワークで練習した基本的応答技法は，家族や友人，恋人などと，いつでもどこでも実践することが可能です。日頃から意識してコミュニケーションをとってみるのもよいと思います。一つ一つの技術を意識し面接技術向上に努めていって下さい。

注
(1)　社会福祉士養成講座編集委員会編『相談援助の理論と方法Ⅰ　第3版』中央法規出版，2015年，263頁。
(2)　同前。

参考文献
岩間伸之『対人援助のための相談面接技術——逐語で学ぶ21の技法』中央法規出版，2008年。
大谷佳子『対人援助の現場で使える　聴く・伝える・共感する技術　便利帖』翔泳社，2017年。
日本医療社会福祉協会『保健医療ソーシャルワークの基礎——実践力の構築』相川書房，2015年。

ソーシャルワークのプロセス②
——ワーカーの役割を理解する

ねらい

　日常生活を営む上で，時に困難な課題や問題を抱えます。それら課題を抱えた利用者が主体的に課題解決できるよう支援をすることで，問題の解決を図る支援方法がソーシャルワークです。

　ソーシャルワークでは，課題を抱える利用者に対して，その原因は個人にのみあるのではなく，個人と社会環境との間に生じる「不一致」によって課題が生じていると考えます。その上で，支援者は利用者と社会環境が接する部分に意識的に介入し，調整することにより，利用者の内面の理解と発展を促しながら利用者の主体的な課題解決に向け，支援することが重要となります。ここでは，ソーシャルワークにおける支援者の意図的な介入について学習していきます。

概　　念

　ソーシャルワークでは利用者が支援者と出会う場面をインテーク（受理面接）といい，今後解決すべき課題や問題を明らかにすることをアセスメント（事前評価），問題を解決していく意思を形成し，支援の手順と目標を両者が確認する段階をプランニング（支援計画の作成）といいます。また，利用者の支援を行う中で個人と環境の接する部分に関わっていくことをインターベンション（支援の実施）といい，支援がプランに沿った形で提供されているかを把握するモニタリング（経過観察）が行われます。また，問題解決がなされ，これ以上の支援を必要としないと判断された場合にはターミネーション（支援の終結）が行われます。これらの各過程において，援助者は利用者との信頼関係を築いていくことが重要です。

　そのためには，面接を通して利用者の主訴を聞き取り，何に困っているのかを把握し，面接や観察，調査による情報収集を行い，利用者を取り巻く社会資源の状況を明らかにし，総合的に判断していく能力が必要となります。利用者が目標とする具体的なゴールを定め，実現に向けたプランを作成します。

　支援者による支援の実施では，利用者と決定したプランを確実に遂行できるよう社会

資源を効果的に活用することが重要です。また，支援が効果的に提供され，利用者が抱える課題が解決された場合には，支援者からのサービス提供は終結を迎えます。その場合，利用者には再利用についての受け入れ準備がなされていることを伝えます。これを，アフターケアといい，支援が終結となった場合でも利用者の生活状況の変化に応じ，新たな課題や問題が生じた場合には支援を再開できる体制を整えておくことが重要となります。

3　ワ　ー　ク

　ここでは，事例を通してソーシャルワークのプロセス過程について，支援者の意図的な介入方法を学んでいきます。

─ 事例① ─

　1 人暮らしのＡさん（女性・78歳）は，視力がほとんどなく，障害者手帳 3 級を所持しています。Ａさんの住むマンションの大家さんから地域包括支援センターに電話が入り，「このところ，郵便受けに書類が溜まるようになった。以前は全くなかったので，少し心配している」とのことで，マンションの大家さんとともに地域包括支援センターのＤ社会福祉士は自宅を訪問しました。

1．あなたが地域包括支援センターのＤ社会福祉士なら，Ａさんのお宅を訪問するに先立って（インテークの準備段階）どのようなことを考えておきますか。思いつくことを書き出してみましょう。

　次に，グループで話し合い，意見を整理してみましょう。

2．Ａさんのお宅を訪問し，初回面接を行う際，自分がどのような役割で，何をする者か，面接の目的は何か，クライエントの権利，守られる倫理やルールなどについて，どのように説明しますか。思いつくことを書き出してみましょう。

　次に，グループで話し合い，意見を整理してみましょう。

─ 事例② ─

　初回面接を通して，地域包括支援センターのＤ社会福祉士は，Ａさんの視力が以前に比べて低下していることに気づき，視力の低下によって外出頻度も少なくなり，自宅に閉じこもっている状況であることを理解しました。さらに，障害者手帳 3 級は所持しているものの，これまでＡさんの身の回りのことを行ってくれていた隣人が引っ越しをしたことで，「郵便物や書類を読むことができず，放置しており，誰かしらの手助けが欲しいけれど，何をどうすればよいかわからず，助けてほしい」と話をされました。

3．あなたが地域包括支援センターのD社会福祉士なら，Aさんから他にどのような情報収集を行いますか。「人」を，「バイオ」「サイコ」「ソーシャル」の三つの側面から書き出してみましょう。

　　次に，グループで話し合い，意見を整理して下さい。

バイオ	
サイコ	
ソーシャル	

4．「人」と「環境」と「人と環境の接点」の３つの側面から書き出し，次に，グループで話し合い，意見を整理してみましょう。

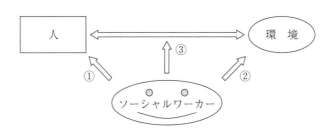

①人	
②環　　境	
③人と環境の接点	

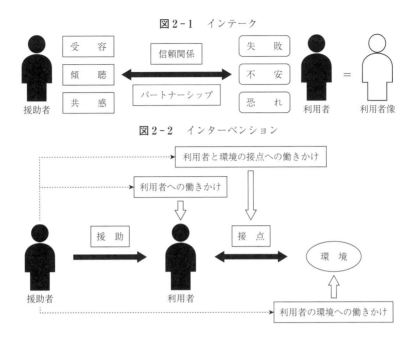

図2-1　インテーク

図2-2　インターベンション

4　解説とまとめ

　2つの事例を通して，ケースワーク展開過程の中でいくつかの意図的な介入について考えてみます。

　まず，事例①では，近隣住民からの連絡で利用者との初回面談が実施されています。通常，問題を抱えている利用者は，多くの面で失敗，不安，恐れを抱えています。こうした人々と対峙する場合，今，目の前にいる相手をありのままに受け止めるための「受容」を行い，相手の話す言葉に耳を傾ける「傾聴」を心がけます。そして，相手が感じている気持ちや経験から，その気持ちや経験に寄り添うための「共感」を意識することで信頼関係とパートナシップを形成していきます（図2-1）。

　また，事例②では，支援者は利用者に直接的な働きかけ，利用者が自ら行動できるよう，社会的な技能を訓練することもあります。次に，支援者は利用者の環境にも働きかけます。具体的には，社会資源を開拓することや関係する機関，組織，関係者と交渉しながら問題や課題を解決しようとします。そして，利用者と環境の接点に働きかけます。ここでは，利用者が環境との接点で生じている不安や失敗によるストレスを軽減するために働きかけます（図2-2）。

参考文献
社会福祉士養成講座編集委員会編『相談援助の基盤と専門職 第3版』（新・社会福祉士養成講座⑥），中央法規出版，2015年。

6 グループワークにおけるワーカーの役割
——グループワーカーの役割と専門性を理解する

1　ねらい

　グループを活用したソーシャルワーク（以後，グループワーク）には様々なタイプがあり，トセランド＆リーバスは「援助グループ」と「課題グループ」の2つのタイプに分類しました。「援助グループ」はメンバーの社会情緒的ニーズを満たすことを主な目的とし，支援グループ，教育グループ，成長グループ，治療グループ，社会化グループに細分化されます。他方，「課題グループ」は，クライエント，組織，コミュニティのニーズを満たすために組織されもので，例えば，チーム会議，支援会議，委員会，ソーシャルアクショングループなどがあります[(1)]。つまり，グループワークにおけるソーシャルワーカーの役割は，それぞれのグループがどのようなメンバーで構成され，どのような目的を持っているのかなどによって異なり，それぞれのグループワークの展開に合わせて，適切なスキルを使うことが求められます。本節では，グループに関わるソーシャルワーカーの役割と基本的な共通技術を学習することを目標とします。

2　概　　念

　ソーシャルワーク実践アプローチの一つにファシリテーションがあります。クライエントシステム間（グループのメンバー間など）に行動促進者（イネーブラー），媒介者（ミディエーター），仲介者（ブローカー），支援者（サポーター），教育者（エデュケーター），代弁者（アドボケーター）などの役割で関わることによって，システムの開発または既存システムの強化を支援することをいいます[(2)(3)]。ファシリテーションはグループワーカーがメンバー間の相互作用を促進するために，よく使われる技術の一つです。

　シュワルツはグループワークの相互作用モデルを構築し相互援助システムという概念を取り入れました。相互援助システムにおける関係の根源は個人と社会の共生的関係にあり，メンバーは自分たちの成長のためにお互いを必要としているとしています[(4)]。この事は援助の中心をワーカーとメンバー間の関係からメンバー同士の関係に移行したことを意味します[(5)]。つまり，グループワーカーの役割はグループの展開課程に応じてファシリテーターの技術を使い，グループの理想の状態である相互援助システムを形成し発展

させ，個々あるいはグループの課題を解決することにあります。

3　ワーク

（1）グループワークの環境設定
　5〜7人のグループを構成し，①いすと机，②いすのみ，の両方に座ってみた感想を話合いましょう。また，グループワークを行うために適切な環境設定についても話し合いましょう。

いすと机	
いすのみ	
環境の整え方	

（2）グループ場面におけるグループワーカーの話し方
　この後のワークは，いすだけの環境設定でグループワークを行います。以下の内容をグループワーカーとしてメンバー全員に向けて伝えてみましょう。内容のアレンジ，姿勢や動きなどの工夫は自由にしても構いません。ワーカー役を全員が交代で行い，感想を発表し，グループワーカーに求められる話し方について話し合いましょう。

【ワーカーの発言】 　「今日は，このグループが始まって4回目になります。これまで，発達に障害を持つお子さんの子育てで苦労されていることや，工夫されていることなどをお話しして頂きました。それぞれ，どのような悩みや課題をもっているのかを知ることができたのではないかと思います。今日は，この会を今後，どのように進めていくとより皆さんにとって意義のあるものになるのかを考えて行きたいのですが，いかがでしょうか。」
【ワーカー役の感想】
【メンバー役の感想】
【グループワーカーに求められる話し方】

（3）メンバーの発言を傾聴する

　ワーカー役の問いかけに対してメンバー役が順に発言し，ワーカー役はその発言に対して傾聴しながら話を十分に聴きます。1人のメンバー役が発言したら，ワーカー役も交代し全員が両方の役をできるようにして，終わったら傾聴について感想を話し合いましょう。

【ワーカーの問いかけ】
「今日はどのようなテーマでディスカッションをしたいでしょうか，理由も一緒にお願いいたします」
【ワーカー役の感想】
【メンバー役の感想】

（4）相互援助システムを促進する

　ワーカーの対応を順に読んでいき，相互援助システムを促進するためにどのような役割を担ったのかを考えましょう。

ワーカーの対応	ワーカーの役割
発達障害の子どもを持つ親のグループで「今日は30分程度，発達障害の特性について説明をします。その後，子どもさんとの関わり方の練習をして，お互いに良かったところを伝えあいましょう」	
認知症が疑われる老親の言動に困っているメンバーに「Aさん，〇〇地域包括支援センターに相談するといいですよ。」（予め，センターには支援内容を確認）	
メンバー同士が意見の対立で葛藤を起こしている状況で「Aさんは子どもには厳しく躾をして育てる，Bさんは出来たことを褒めて育てる，というお考えなのですね。では，それぞれがお勧めする点をお話しして頂けますか」	
自分の辛い体験を話すメンバーに「Aさん，本当に大変な中を一人でやってきたのですね。一体，どうやってそれができたのでしょうか。」「Aさんのお話を伺って，皆さんはどのように考えましたか」	
あらゆる場面で「Aさんのアイデアはとても面白いですね，皆さんはどう思われますか」「ここまでやってみて，皆さんの率直な感想はどうでしょうか」「いろいろな意見がでましたので，具体的にどうするかを話し合ってもらえますか」	

4 解説とまとめ

　グループワークを実施する場合，その目的と対象によって環境を整えることはとても大切です。いすだけの場合には自分を守るものがないので，不安な気持ちになるかも知れませんが，自分を見つめなおすためには有効です。その他に床に座って行う，飲み物やお菓子を用意するなどもあります。

　ワーカーはメンバーがどのような気持ちでグループに参加をしているのかを考えていくことが大切です。グループにまだ凝集性ができていない時には，ワーカーが積極的にグループ全体に温かく働きかけ，一人ひとりの話を傾聴することでメンバーが安心してグループに所属することができます。

　相互援助システムを形成・促進するためには，場面に応じて，新しい知識や情報を教え練習する（教育者），必要に応じて社会資源とつながるようにする（仲介者），メンバーのストレングスを活性化させ課題解決に向かっていけるようにする（行動促進者），メンバー同士の葛藤を中和し成長の機会にする（媒介者），気持ちを受け止め励ましていく（支援者）などの役割があります。

注

(1)　ヘプワース，ディーン・H ら／武田信子監修，北島英治ら監訳『ダイレクト・ソーシャルワークハンドブック——対人援助の理論と技術』明石書店，2015年，453-454頁・489-490頁。

(2)　トーズランド，ロナルド・W ら／野村豊子監訳『グループワーク入門——あらゆる場で役にたつアイデアと活用法』中央法規出版，2003年，193-198頁。

(3)　Barker, R. L. *The Social Work Dictionary 5th edition*, 2003, p153.

(4)　黒木保博・横山穣・水野良也・岩間伸之『グループワークの専門技術』中央法規出版，2007年，27-28頁。

(5)　白澤政和ら編著『ソーシャルワークの理論と方法 I』ミネルヴァ書房，2010年，188-191頁。

参考文献

岩間伸之『グループワーク』（ワークブック社会福祉援助技術演習④）ミネルヴァ書房，2004年。

福山清蔵編著『対人援助のためのグループワーク』誠信書房，2011年。

保田井進・硯川眞旬・黒木保博編著『福祉グループワークの理論と実際』ミネルヴァ書房，1999年。

7 グループワークの技法①
—— 「準備期」「開始期」の介入方法を理解する

1 ねらい

　本節では，グループワークの「準備期」と「開始期」の過程技術について学びます。グループワークにおけるワーカーの役割はグループに相互援助システムをつくることで，特に援助グループではメンバー個人の課題解決に向けて成長と変化が起こることを目標とします。「準備期」はグループを計画し，開始前にメンバーと予備接触をして波長を合わせるまで，そして「開始期」は初回においてメンバー同士が出会い，これからグループを実施していくための契約を行う場面までをいいます。メンバーが安心してグループワークを開始する大切な時期に必要なワーカーの技術を学びます。

2 概　念

　準備期で重要となる概念に「波長合わせ」があります。「波長合わせ」とは予備的感情移入とも呼び，メンバーがどのような思いや感情を持って，グループに参加するのか，どのようなニーズを持っているのかなどを予め知っておくことをいいます。波長合わせの方法にはいろいろありますが，事前にグループワークに参加する期待や不安のアンケートを取っておく，グループワークが始まることを電話で伝え気持ちを聴いておく，直接会う機会を設け，グループの参加を歓迎していることを伝え，何を望んでいるのか，何か参加にわだかまりがないのか，などを聴いておくことです。また，併せて，ワーカーも自己覚知によって自分の感情や価値観を振り返っておくことが大切です。この「波長合わせ」を使って，グループワークの初回では，様々な思いで参加してきたメンバーの気持ちを，ワーカーが代わりに伝えることによって，初めての場で緊張しているメンバーは，自分の思いをワーカーがわかってくれているという，ワーカーとメンバーの信頼関係を築くことにもなります。

　また，開始期で行われる「契約」はグループワークの目的，参加しているメンバーについて，ワーカーの役割について，今後の流れと約束事などを民主的に確認することです。ワーカーは一方的にならずに，一つ一つメンバーの様子を見ながら確認をして行きます。そして，メンバーが自分のグループだと思ってもらえる第一歩として，安心して

自分たちの課題を達成することができるのか，自分たちで約束やルールを考えることも有効な方法です。

3　ワーク

（1）グループの実施

次に示すグループ計画に基づき，それぞれのワークをしましょう。

グループ名	ユース・スキルアップ・グループ（YSA）
目　的	不登校や保健室登校が続いている中学生が，交流や活動を通して自信を回復すること
実施機関・実施体制	主催：保健所　　　スタッフ：保健師 ワーカー：スクールソーシャルワーカー
グループメンバー	不登校あるいは保健室登校が半年以上続いている市内の中学生
グループ構成	中学校の養護教諭の紹介で希望した者 クローズドグループ，　8人
実施計画	6月1日（土）から毎土曜日　全6回 11時～15時，保健所3階の多目的ルーム
プログラム計画	アクティビティ，コミュニケーションスキルやアサーティブ，アンガーマネジメントなどの組合せ
運営計画	財源は市の補助金，備品はプログラム内容によって準備，保険料だけ参加者から徴収

（2）波長合わせ

ワーカー役とメンバー役のペアになり，事前面談を通して，ワーカー役はメンバー役にグループに参加することの思い（不安や期待）を聴いてみましょう。

メンバーの思い	

（3）波長合わせの活用

演習グループを作り，初回セッションを想定します。順番にワーカー役になって，波長合わせの内容を活用して以下の発言に続ける内容を考えて，メンバー全体に伝えましょう。他のメンバーの思いも想像して加えてもよいでしょう。

【ワーカーの発言】
皆さんお早うございます。＿＿＿＿＿＿と申します。普段は学校のソーシャルワーカーを行っています。今回は保健所が主催したグループワークのワーカーとして皆さんと一緒に活動をしていきたいと思いますので，よろしくお願いいたします。
【波長合わせを活かして続けるワーカーの発言】
今日，皆さんは初めて，このグループに参加されました。いろいろな思いを持って，この場にいらっしゃると思います。
（続けて）

（4）お互いの存在を確認する

　メンバーがリラックスして自己紹介するために，どのように進めたらいいか考えましょう。（時間があれば，ワーカー役になってメンバー役に向かって発言してみましょう。）

自己紹介の進め方	

（5）契約する

1．このグループにおけるワーカーの役割と，基本的なグループの約束を考えましょう。

ワーカーの役割	
グループの約束	

2．ワーカー役はメンバー全体に向けて，グループの目的・メンバーの構成・ワーカーの役割・活動の流れを，メンバー役はワーカー役の発言の仕方について感想を述べましょう。

メンバーの感想	

3．ワーカー役は，民主的なグループ運営のために，どのような約束があったら良いかをメンバー役に聞きましょう。メンバー役は約束を考えて発言しましょう。

【ワーカーの発言】
では，このグループを行うにあたって，皆さんが安心して参加し有意義な活動となるための約束を確認したいと思います。まず，遅れる時や参加できない時には心配なので連絡をして下さい。あと，ここで聞いた個人的な内容は外では話さないようにしましょう。その他に皆さんの方から是非というものを出して頂けますか。
メンバーが出した約束

4 解説とまとめ

　グループワークがメンバーにとって意味のあるものとなるためには，メンバーがどのような期待や不安を持っているのかをワーカーが理解することと，そのニーズにあったプログラムになっているかが重要となります。ワーカーは自分の感情や価値観をよく吟味して関わり，メンバーの感情に対して適切に関わっていくことが求められます。初回のセッションはその意味でとても重要で，グループワークがうまく開始できるかどうかが，かかっています。ワーカーは，波長合わせで得たメンバーの気持ちを「皆さんは，様々な気持ちでここにお座りになられているのかと思います。ある方は，どんな人が参加しているのだろうか，またある方は，最後までついていけるだろうか，など様々だと思います」のような話をして，安心と信頼感を感じてもらうことが大切です。

　また開始期では参加しているメンバーに，グループワークがどのような目的でどこに向かっているのかという全体の見通しを持ってもらうことがポイントとなりますので，ワーカーは説明をしながら，メンバーの様子をよく観察し，疑問や不明な点が残らないようにします。具体的には，グループを行うに至った背景と目的，そしてワーカーの立場（所属機関も含め）と役割について簡潔に温かい雰囲気で述べます。そしてメンバーがお互いを知るために自己紹介をしますが，ワーカーが，最初に始めることでメンバーが続いて自己紹介しやすいということもあります。その他，ゲームやカードを使うなど，メンバーの背景や状況に配慮した工夫も大切です。

　グループ内で話合われた内容について具体的な守秘義務の範囲と方法を決め，さらに，安心のグループのために必要なルールの確認を行います。開始期で行われる「契約」には，このようにグループ全体とワーカー，グループメンバー同士，メンバーとワーカーなどによるものがあります。演習では触れていませんが，メンバーとワーカーの間では，メンバーがグループ体験にどのように臨むのか，どのような変化を目的としているのかという課題や目的を明確にした，個別的な「契約」も結ばれます。

参考文献
黒木保博・横山穣・水野良也・岩間伸之『グループワークの専門技術』中央法規出版，2007年。
トーズランド，ロナルド・Wら／野村豊子監訳『グループワーク入門——あらゆる場で役にたつアイデアと活用法』中央法規出版，2003年。

8 グループワークの技法②
——「作業期」「終結期」の介入方法を理解する

1 ねらい

　本節ではグループワークの「作業期」と「終結期」の過程技術について学びます。不安と期待が入り混じった中で開始されたグループが「作業期」では，様々な活動を通して，グループの中に相互援助システムが活用されるようになることが目標となります。メンバーはお互いの共通性を認識することから集団としてのまとまりが生まれます。同時に異質性や意見の対立などの葛藤も生じる時期であるので，グループワーカーはこれらのグループダイナミクスを把握しながら，グループの成長と同時にメンバー一人ひとりが自分の課題への気づきと解決にむけた考察ができるよう働きかけることが求められます。そして，それぞれのメンバーの感情を分かち合い，グループの経験から学んだことを振り返り，今後に向けて出発できることを援助します。また，グループワークの評価も重要な技術となります。

2 概　　念

　重要となる概念の一つに「凝集性」があります。凝集性は「われわれ意識」とも言われるもので，開始期からワーカーは凝集性を促進し仲間意識が生まれるよう働きかけます。作業期では凝集性が更に高まりを見せ，「グループ規範」つまりメンバーに求められる行動や態度が方向づけられます。凝集性の高まりは相互援助システムを支える力になる一方で，抵抗感や不信感も出現しグループの危機的状況となるおそれもあります。ワーカーはメンバー自身がその危機を乗り越えグループとメンバー個人の成長を目指し側面的に援助を行います。終結期では「巣立ちの準備」という概念が重要になります。ワーカーはプログラムの終了が近づくにつれて生じるメンバーの複雑な感情を受容し，メンバー同士が分かち合えるように援助します。また，グループの経験がどのような結果をもたらしたのか振り返りをし，メンバー一人ひとりが次の段階へ移行できるよう援助を行い，最終的な評価とまとめをしてグループを終了します。

3　ワーク

（1）メンバーの設定

　作業期におけるグループワークを想定してロールプレイを行いましょう。設定は第7節で行った不登校が続いている中学生のグループワーク（ユース・スキルアップ・グループ）です。共通点以外は項目に従ってメンバー役は各自設定を行いましょう。ワーカー役とサブのワーカー役はどのように進めるかを打合せをしましょう。

　各自の設定内容

性　別		不登校期間	
不登校になったきっかけ			
友人との関係			
教員との関係			
今の生活状況			
好きなこと等			
これからの希望			

（2）相互援助システムの活用

　次のテーマを想定して，実際にグループワークを行いましょう。テーマは「不登校になったきっかけと，今の願いについて話し合う」です。ワーカー役・サブのワーカー役は以下のポイントに基づいて行って下さい。30分程度で終え，メンバー同士の共通点と相違点について話し合いましょう。

　ワーカーのポイント

① 　メンバーが安心して話せるように心がけましょう。

② 　他のメンバーとの共通点に気づくように働きかけましょう。

③ 　他のメンバーと違う点に気づくように働きかけましょう。

共通点	相違点

（3）グループワークの記録

　記録はワーカーやスタッフが書くものですが，演習グループで話し合いながら全員が完成させましょう。着席図と会話の応答回数は図2-3を参考にしましょう。

グループ名	ユース・スキルアップ・グループ				
実施日時	2019年6月22日（土）11時～15時　第4回目				
ワーカー サブのワーカー					
メンバー					
グループの 目標	不登校や保健室登校が続いている中学生が，交流を通して自信を回復する				
本日の目標	他のメンバーの問題を考えることが自分の問題解決に役立つことを知る				
本日のプロ グラム活動	話合い 「不登校になったきっかけと，今の願い」				
グループの 様子	雰囲気	堅い	○	○	○	ノビノビ
	参加度	低い	○	○	○	高い
	凝集性	なし	○	○	○	高い
	相互作用	悪い	○	○	○	良い
【着席図と応答回数】	【観察記録】				
評　価					
次回の援助 行動					

（4）巣立ちと移行

　グループのメンバー全員がグループから巣立ち，次の段階に進むことができるように最終回を迎える前の回を想定し，項目にそってワーカーがどのように伝えたらよいかを考えて，ワーカー役としてメンバー役に伝えましょう。

【グループの終結時期を伝え，振返りを促す（感情，気づき，学び）】
【ワーカーからグループの評価と気持ちを伝える】
【これからの方向性を明確にすることを促す】

4　解説とまとめ

　作業期の頃になるとグループには，集団規範やメンバーに期待される役割が明確になってきます。「われわれ意識」とも言われる凝集性はグループ活動の活発化を推進しお互いの信頼関係が増す一方で，グループへの不満や抵抗，或いは，グループから排除されるメンバーなどの出現など，グループの危機を迎える場合もあります。コノプカのグループワークの原則には「葛藤解決の原則」と「制限の原則」

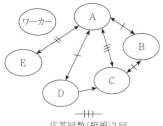

図2-3　着席図と会話の応答回数

━┼┼┼━
応答回数（縦線）3回

があります。(1)グループ内で起きた葛藤や問題はメンバー自身で解決し成長できるよう支援することが重要であると同時に，著しく人権が損なわれたり生命を脅かされたりするような事態にはワーカーが制限をする必要があるということです。できる限りメンバーで危機や葛藤を乗り越えて相互援助システムの構築を側面から支援するスキルがワーカーには求められるのです。

　他のメンバーの問題解決について考えることが自分の課題解決にも役立つこと，自分の問題について他のメンバーが考えてくれるという相互援助システムの活用を経験し，グループもメンバーも成長しそれぞれの目標に向かっていきます。終結期は，メンバーにグループが間もなく終わることを伝え，グループに参加したことの意義を振り返られるように支援します。ワーカーも率直にグループの変化，メンバーの変化に対して肯定的な評価を伝え，共に活動をしたことへの感謝を伝えます。グループワークの評価にはメンバーの問題解決の変化，グループワーク運営の評価，グループワーカーについての評価など多くの視点があり，いずれも，グループワークを計画する時に評価計画も作成しておくことが必要です。

注
(1)　山縣文治・柏女霊峰編『社会福祉用語辞典　第8版』ミネルヴァ書房，2010年，70頁。

参考文献
岩間伸之『グループワーク』（ワニブック社会福祉援助技術演習④）ミネルヴァ書房，2004年。

コミュニティソーシャルワークのプロセス
―その必要性と実践方法を理解する

ね ら い

　ケースワークは一人ひとりの利用者に寄り添う個別支援，グループワークは集団の特性を活用した支援です。それに対して，「地域社会」全体を対象とする援助実践をコミュニティワークと言います。元々はスラム等の貧困地区における教育機会の確保，農村の生活向上といった「地域の開発援助」を行う実践から始まったものです。

　近年では個別支援と，その人を取り巻く「環境」とも言える地域社会への働きかけは切り離せないものであるとして，両者を統合したコミュニティソーシャルワークが注目を浴びています。

　本節では，コミュニティソーシャルワークの展開プロセスについて理解を深めていきます。

概　　念

　ソーシャルワーク発展の歴史を振り返ると，ロス（M. G. Ross）が体系化し，日本では社会福祉学者の岡村重夫が翻訳したコミュニティ・オーガニゼーションの理論や，間接援助技術であるコミュニティワーク，1982年のイギリスのバークレイ報告をきっかけに普及したコミュニティソーシャルワークといった類似の概念が出てきます。学術レベルだと厳密には違うものとして定義されていますが，現場レベルではあまり明確に区別されずに使われているのが現状です。本節では近年使用頻度の高まっている「コミュニティソーシャルワーク」という言葉を用いていきます（以下，CSW）。

　CSWとは地域の中で孤立して助けを求めることができない人達を発見し，周囲の住民に働きかけ，協力して新たな地域のつながりを創造する実践，及び必要に応じて新たなサービスや制度の開発も行う実践と言うことができます。この点で，いわゆる間接援助技術の1つであるソーシャルアクションとも親和性の高いものです。

　CSW実践で重要なのは，何よりも「1人の困りごとは皆の困りごとかもしれない」という想像力を持つことです。その上で地域に存在している福祉ニーズと，その解決に役立つ可能性のある社会資源を把握するための地域アセスメントを適切に行うことにな

ります。

図2-4は，CSWの展開プ
ロセスを簡潔に図式化したも
のです。基本的にはケース
ワークと同様に，①アセスメ
ント（事前評価）→②プラン
ニング（計画）→③プランの
実行（介入）→④モニタリン
グ→⑤評価という順序で，支
援のプロセスを展開していき
ます。

ただし，この時にケース

図2-4 コミュニティソーシャルワークの展開プロセス

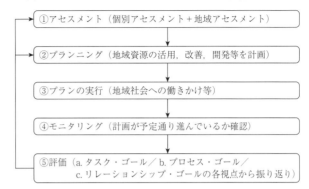

出所：日本地域福祉研究所監修，中島修・菱沼幹男編『コミュニ
ティソーシャルワークの理論と実践』中央法規出版，2015年，
40-48頁を参考に筆者作成。

ワークと大きく違う点が2点あります。1つはアセスメントの対象が個別の利用者の状
況だけでなく，「地域社会の現状把握」（地域アセスメント）も必要になることです。もう
1つは，モニタリング及び評価の際の視点として，計画の具体的目標である「a. タス
ク・ゴール」の達成状況に加え，地域社会への働きかけを行う過程で起こる様々な変化
（住民や関係団体の意識の変化等）に焦点を当てた「b. プロセス・ゴール」や，地域におけ
る住民・関係団体・行政組織等の関係性の変化に着目した「c. リレーションシップ・
ゴール」もまた大きな比重を占めていることです。

例えば，「高齢者の孤立死をゼロにする」という目標を立て，その実現のため住民に
よる見守り組織を立ち上げたとします。もちろん「孤立死ゼロ」という目標（a. タス
ク・ゴール）を達成できれば素晴らしいことですが，仮に定めた期間内にこの目標をク
リアできなかったとしても，見守り団体を組織したことで地域住民の高齢者福祉に対す
る意識が向上したり（b. プロセス・ゴール），そこから新たに住民と行政の関係が深まっ
たりすれば（c. リレーションシップ・ゴール），今後その地域ではさらなる福祉実践の発展
が期待できます。CSWの視点からは，それらも一定の成果と考えられるわけです。

3 ワーク

（1）地域アセスメント①──社会資源の把握

皆さんが今いる学校のすぐ近くに，エレベーターのない5階建ての建物が並ぶ団地が
あると仮定します。この建物の4階に住む高齢の男性Aさんは，足を悪くして1人では
歩けなくなりました。Aさんは腎臓の病気のため，週に3回人工透析の治療を受けに通
院する必要があります。週2日はヘルパーを朝夕と手配できましたが，もう1日がどう

しても手配できません。そこでこの地域のCSW担当者はボランティアを探すことにしました。

　このような時，CSW担当者がボランティアを探すにはどのような方法が考えられますか。また，実際にボランティアとして関わってくれそうな社会資源としては，どのような人達が考えられそうでしょうか。グループで議論してみましょう。

ボランティアを探す方法	ボランティアとして 関わってくれそうな社会資源

（2）地域アセスメント②──潜在的ニーズの把握

　週1回，4階までの上げ下ろしに来てくれるボランティアが無事に見つかり，Aさんへの支援が始まりました。すると，その様子を見ていた民生委員のBさんから「他にも何軒か来てほしい家がある。みんな高齢で足が悪くなり階段の上り下りに困っている」とCSW担当者に訴えがありました。

　そこで，この団地の中で一体どれくらいの人が階段の上り下りに困難を抱えているのか把握する必要があるとCSW担当者は考えました。このような地域に埋もれたニーズを把握するためには，どうすれば良いのでしょうか。グループで議論してみましょう。

（3）コミュニティソーシャルワークの展開プロセス

　この後，団地での支援は以下のプロセスをたどりました。各プロセスは図2-4の「①アセスメント」〜「⑤評価」の，どの段階に当たりますか。図2-4を見ながら，右の空欄を埋めてみましょう。

地域にある社会資源では対応できそうにないため，関係者と新たなプロジェクトの立ち上げを決めた。	
地域の中で階段の上り下りを助けるための有償ボランティア組織を作り，活動を始めた。	

1 か月後，ボランティア組織の活動が順調か，地域のニーズは解決できそうかを確認した。	
3 か月後，活動には様々な限界があることがわかり，今後は行政にも支援を働きかける方針を決めた。	

4　解説とまとめ

　CSW では，今の社会制度では対応するのが難しい「制度の狭間」にある困りごとや，自ら周囲に助けを求めることができずにいるインボランタリー・クライエントを発見し，適切な支援につなぐことを目指します。しかし，地域の中をワーカーが 1 人で隈なく回って困っている人を見つけ出し，全ての支援を行うようなことは現実的に不可能です。そこで，地域内にある様々な団体やボランティアと関係を作り，住民と協力して外からは見えにくいニーズを発見したり，見守りや助け合いを行ったりするためのネットワークを構築していきます。

　この時に重要なのは，その地域が有している強み（ストレングス）も適切に把握しておくことです。地域の中には仕事を定年退職したシニアや，週に 1 ～ 2 回，数時間であれば何かできるという主婦など，様々な知識や技術を有した人財が眠っています。また，普段は「地域」や「福祉」を意識せずに活動しているものの，実は地域の福祉向上に力を発揮できるポテンシャルをもった団体や企業もあります。こうした人々の協力を引き出し，継続的に関わってもらえる仕組みを作ることで，その地域で生活する人々の福祉に対する意識も高まっていきます。このような福祉コミュニティの形成が，CSW 実践の大きな目標でもあるのです。

　最近では一般企業が福祉的な役割を果たすケースも増えています。自分の周囲にあるお店やサービスでどのような事例がありそうか，少し注意して日々の生活を送ってみるのも良いでしょう。

参考文献

勝部麗子「変革する力：声なき声が社会を変える——サイレントプアと向き合うコミュニティソーシャルワーカーの実践から」『社会事業研究』55，2016年，4 -15頁。

日本地域福祉研究所監修，中島修・菱沼幹男『コミュニティソーシャルワークの理論と実践』中央法規出版，2015年。

10　アウトリーチ——その必要性と実践方法を理解する

1　ねらい

　私たちの生活には，あふれる情報と多様な選択があります。私たちはその中から必要な情報を選択し，決定し，行動をしています。それが可能なのは情報を受け取る力と選択ができる力があるからです。相談援助では，「困ったことがあったら『ここ』に相談してください…」等，決まり文句のように情報が提供される場面が見受けられます。しかし，紹介された相談機関に行ってみると，「困っていること」を言語化することが求められます。では，抱える課題や問題を言語化することが難しく，表現方法がわからない人はどうすればよいのでしょうか。このような人々にとっては相談機関に向かい，相談をすることが大きな苦痛となります。

　ここでは，相談することに困難を抱える利用者への支援に向けた動機づけについて理解し，支援を受けることに抵抗を感じる人に対する接触方法について学習していきます。

2　概　念

　日常生活を営む上で抱える課題や問題を自らで解決することが可能であれば，支援者の力はそれほど必要ありません。しかし，支援者が対象とする人々は課題や問題を抱えながらも，自分ではどうすることもできない，あるいは難しい状況にある人々が多くいます。

　アウトリーチとは，問題や課題を抱える人々のところへ支援者が出向き，手を差し伸べ，支援をすることを指します。具体的には，必要なサービスにアクセスできず，差別，偏見，孤独などに苦しむ人々を支援することです。そのような人々にアウトリーチする責任は支援者のみならず，共に地域に住む私たちにもあります。

　アウトリーチをする中でまず行わなければならないのが緊急性の判断です。緊急度が高い場合には早期にサービスを開始する必要がありますが緊急度が低い場合には急いでサービスを開始するよりも，関係性を構築することから始まります。なぜならば，利用者が抱える課題や問題には必ず，現状に至った背景が存在します。支援者は，提供された情報のみで個人を判断するのではなく，提供された情報をもとに利用者の状況や希望，

サービスを利用したあとの将来予測を行いながら理解することが必要となります。

　また，アウトリーチが必要な利用者は他者に対する警戒心と不安感を抱く傾向にあります。そのため，利用者の生命にかかわる場合を除いて，支援者は課題や問題を把握しても，その解決に至るまでは利用者との関係性を重視していかなければなりません。そこには課題や問題を解決するのはあくまでも利用者であり，支援者は側面的な支援を行うという基本的な考えがあります。もしも，支援者が課題や問題の解決をした場合，利用者が抱える課題や問題の解決はなされるでしょう。しかし，利用者自身が自らで課題や問題の解決方法を習得しなければ，同様の課題や問題を抱えたときに解決方法がわからず，苦しむことになります。時間をかけながらでも，利用者には課題や問題の理解とその解決へ向けた行動についての同意と解決に向けた意欲を保つための支援が必要になります。

　そのため，支援者は社会資源を効果的に活用する視点が必要となります。地域の民生委員や住民，ボランティアなどの社会資源の活用により，利用者の他者交流機会を促進することは主体的な行動を促すきっかけとなります。その結果，課題や問題の解決に結びつく場合が多くあることを支援者は理解しなければなりません。

3　ワーク

（1）ソーシャルワーカーの視点による現状の理解

　以下の事例を読み，一人暮らしをするBさんに対して，あなたはどのような気持ちを感じましたか。また，Bさんがこのままの状況で生活をするとしたら，どんなことが起こると想像できますか。

事例①

　ある地域に一人暮らしのBさん（男性・86歳）がいました。Bさんは3年前まで町内会長をされ，周りの住民からも信頼され，よく住民の方の相談に乗っていました。しかし，ここ1年は外に出ることもほとんどありませんでした。これまでは町内で定められたルールをしっかりと守っていましたが，このところは指定された曜日にごみを出すことが難しくなり，ごみの分別もせずにごみを出していました。

　Bさんのゴミの出し方に困った住民のCさんが，Bさんに話をしに行ったところ，突然大声で怒鳴り散らされてしまい，それ以降，町内の住民はBさんとの接触を拒み，地域との関わりが遮断された状態でした。それから1年後，今度はBさんの家から異臭がするようになり，住民のCさんが地域包括支援センターのD社会福祉士に相談に来ました。

（2）高齢者の視点による現状の理解

　以下の事例を読み，Ｄ社会福祉士は怒鳴られながらも，なぜ３週間，毎日Ｂさんを訪問したのでしょうか。また，Ｄ社会福祉士の行動にはどんな意味があったのでしょうか。Ｂさんはｄ社会福祉士が毎日訪ねてくることについて，どのように感じていたのでしょうか。

┌───┐
│   │
│   │
│   │
│   │
└───┘

┌─ 事例② ──┐
│　相談者である住民のＣさんから話を聞いた後，Ｄ社会福祉士は住民のＣさんと共にＢさんの│
│自宅へ訪問をしましたが，Ｂさんは大声で怒鳴り，自宅には入れてくれませんでした。その後│
│もＤ社会福祉士は３週間，毎日Ｂさんの自宅の様子をみるために訪問を続けました。│
│　訪問を続けていたＤ社会福祉士は，あるときＢさんから「誰の世話にもならず，このまま死│
│んでいく」と言われました。Ｄ社会福祉士はＢさんの話をもっと聞くために自宅に上がらせて│
│ほしいと願い，自宅に入りました。すると，自宅の中は足の置き場もないくらいにごみが散乱│
│していました。体力も低下し，外出することが困難となり，買い物にもあまり行けなくなり，│
│食べるものもほとんどない状況でした。立ち尽くしているＤ社会福祉士にＢさんは言いました。│
│「数年前，ごみの出し方でＣさんに指摘を受けたが，どのように接していいのかわからずに怒│
│鳴った。それ以降，外に出れば，何を言われるかわからないから家にいることが多くなった。│
│すると，外に出ることが億劫になって，寝ていることが多くなった。ごみの中で生活すること│
│は自分も嫌だが思うように体を動かせない。こんな状態で何をどうすればいいんだ」と，Ｂさ│
│んは，Ｄ社会福祉士に本音を伝えました。│
└───┘

（3）現状の理解から支援を考える

　以下の事例を読み，Ｄ社会福祉士の考えた「制度による支援」と「住民による支援」とは具体的にどのようなものでしょうか。Ｂさんと住民との関係性が良好ではない中で，どのようにすれば住民の協力を得ることができるでしょうか。

┌───┐
│   │
│   │
│   │
└───┘

┌─ 事例③ ──┐
│　Ｄ社会福祉士はＢさんの状況から制度による支援と住民による支援の２つを活用して，Ｂさ│
│んの日常生活の支援を図ろうと考えました。│
│　Ｄ社会福祉士はまず，住民のＣさんにＢさんの支援について協力をしてもらえないかと相談│
│を持ち掛けました。│
└───┘

4　解説とまとめ

　3つの事例を通して，アウトリーチの必要性と実践方法を改めて考えてみます。事例①では，外部との接触がない利用者へのアウトリーチについて，まず利用者の気持ちを考え，現状から想像できる将来の対象者像について「現状に至った背景を考え，対象者像を確立する」という支援者と対象者の接触場面について，深く考えました。外部との接触が希薄な対象者は，他者に対する警戒心や不安感を抱く傾向にあります。そのような対象者に対して支援するには相手の気持ちに寄り添い，利用者の将来像を明確に捉えることが支援者には必要な能力となります。

　事例②では，アウトリーチの実践方法について考えました。そこでは，支援を提供するまでにどのような経過を辿るのかについても深く考察したのではないでしょうか。そこでは，支援者がよかれと思って提供する支援が対象者には否定的に捉えられがちであることを理解しなければなりません。だからこそ，支援者は対象者が理解するまで説明をしていくという姿勢が重要となります。その行動が対象者の気持ちに変化をもたらす有効な手段であり支援者が積極的に行動することが対象者の心理的変化を促すことに繋がります。

　事例③では，社会資源の活用によるアウトリーチ実践について考えました。ここでは，フォーマルサービスとインフォーマルサービスの活用により，対象者の課題や問題を解決する手段として社会資源の種類と方法を確認し，対象者が抱える課題や問題を解決した後，そこに住む住民との関わりがなければ地域生活の維持が困難になることを理解するための考察を行いました。支援者は対象者の課題や問題が解決された後の生活にまで視点を向けることが重要です。

　声なき声を拾い，社会や他者との関係性を再構築するための手段となるアウトリーチ実践において，支援者には対象者に寄り添い，関係性を構築するために積極的な行動が求められます。一方で，支援者は他機関などの協力が得られるよう，関連する機関や職場に情報提供を行うことについても留意する必要があります。

参考文献

社会福祉士養成講座編集委員会編『相談援助の基盤と専門職　第3版』（新・社会福祉士養成講座⑥），中央法規出版，2015年。

チームアプローチ
――その必要性と実践方法を理解する

1 ねらい

　現代社会では，少子高齢化と総人口の減少に伴い，核家族化や高齢者による単身世帯あるいは夫婦のみ世帯の増加など，社会情勢の変化に伴う課題の高度化・複雑化が見られます。このような課題の高度化・複雑化のなか，対人援助では業務の質の確保と向上を目指すため，多種多様な専門職が各々の高い専門性を前提として「目的」と「情報」を共有し，業務分担を行い，連携して課題に対応することが求められます。

　本節では，チームアプローチの理解と必要性について事例を通して学習していくとともに，チームアプローチで求められる技術について学習していきます。

2 概　　念

　社会福祉の分野において利用者の課題は一律ではなく，いくつかの課題が複雑に絡み合い，支援者の目の前に「課題」となって表面化します。このような課題には，1人の支援者だけでは対応が困難なケースが多く，多様な専門的な知識や技術が必要となります。その場合，複数の専門家がチームを組み，課題に対応することを「チームアプローチ」と呼びます。

　チームアプローチを構成する者は医師や看護師，社会福祉士，精神保健福祉士，介護福祉士，保健師など，資格を中心とする専門家のみならず，民生委員や近隣住民，家族，親族など，様々な職種あるいは立場の者で構成されます。また，単なる情報交換の場ではなく，議論・調整の場であることを認識する必要があります。

　現代社会にみる利用者が抱える課題には高度化・複雑化している背景があります。例えば，日常生活上で生じる高齢者の課題を考えた場合，生活行動に対する課題，疾病に対する課題，社会交流に対する課題，家族関係に対する課題など，複数の要因が生じており，これら要因を解消することが課題を解決するために重要となります。これら複数の課題要因に対して，支援者1人では，そのすべてに対応することは困難です。そこで，専門家や近隣住民・家族・親族がチームを組み，利用者やその家族が抱えている課題にアプローチすることで，複数の要因を解消することが容易となり，課題の解決につなが

ります。社会福祉士が行う支援では，利用者やその家族が抱える課題に対し，多様な
人々や機関と共に取り組むことが重要です。

3　ワ ー ク

（1）支援体制の形成

　以下の事例を読み，カンファレンスに集まった人々はどのような人々なのか考えてみ
ましょう。また，地域包括支援センターのA社会福祉士はなぜ，このような人々をカン
ファレンスに参加させたのか考えてみましょう。

　　　事例①

　地域で一人暮らしをする高齢のCさんは，これまで週2回，趣味であった茶道を友人ととも
に楽しんでいた。しかし，ここ数回は茶道教室を休んでおり，友人のBさんは心配して自宅を
訪問しました。
　自宅を訪問すると，カーテンは閉められ，Cさんは布団に横になっていました。友人のBさ
んはCさんに声をかけたところ，2週間前に自宅内で転倒してしまい，その後動けず，連絡し
ようにもできなかったとのことでした。友人のBさんはCさんの身体的能力の低下と現在の状
況から地域包括支援センターのA社会福祉士に連絡をし，Cさんの自宅に来てもらいました。
自宅を訪問したA社会福祉士はCさんの状況と希望を聞いた上で，介護保険制度の利用申請手
続きを行うとともに，友人のBさんの手助けによってかかりつけの病院を受診しました。後日，
Cさんは要介護2の認定を受け，今後の生活について話合いをするためにA社会福祉士はカン
ファレンスが開催しました。

（2）支援体制の効果

　以下の事例を読み，地域で一人暮らしをする高齢のCさんの日常生活は，カンファ
レンスに参加した人々によってどのように支えられているのかを考えてみましょう。

┌─ 事例② ───

　カンファレンスの開催から1週間が経過し，現在では，週3回の訪問介護の利用をしており，日常の家事をヘルパーさんと一緒に行っています。趣味であった茶道教室へはまだ参加できていませんが，友人のBさんが週2回，Cさんの自宅を訪れ，茶道教室の状況などについてCさんに話をしてくれています。また，カンファレンスにて話し合われた転倒場所と，今後，自宅の中で転倒の危険が考えられる場所には，福祉住環境コーディネーターによって手すりなどの補助工事がなされ，これらのサービスは介護支援専門員が作成する支援計画によって進められていました。

└──

4　解説とまとめ

　2つの事例を通して，チームアプローチの必要性について考えてみます。まず，事例①では，対人援助の考え方では利用者は複数の関係者との関わりの中で生活をしていることを理解しなければなりません。例えば，公的サービスを利用する場合には，施設サービスや在宅サービスを提供する関係者・ボランティア・近隣住民・その他多くの関係者と関わりを持ちながら，利用者は自らの課題を解決しようとして，行動します。このような場合，支援者が中心になって課題や問題を解決するのではなく，課題や問題を抱える利用者が自ら行動しやすいように道標となることが重要です。今後，支援者による支援が終了した場合でも，新たな課題に立ち向かうための方法を利用者が習得することになります。

　また，事例②によって，利用者に関わる機関や関係者が同じ目的を持ち，行動できるよう社会福祉士はマネジメントする能力が必要となります。なぜならば，統一した目的がなく，関わる機関や関係者がそれぞれ異なる対応をすれば，利用者は一体何をするべきかと悩み，迷い，結果的には自らで行動を起こすためのモチベーションを低下させてしまうことにつながるからです。

　そのため，チームアプローチにおける社会福祉士は，利用者に関わる関係者がそれぞれ役割分担を促しながら，それら経過を把握しておく必要があります。このように統一した目的と情報のなかで関わることで，利用者やその家族は不安なく，課題の解決という目標を実現するために動き出すことができるのです。

　具体的には，図2-5のように，チームアプローチを実践する専門職は，まず利用者に関わる関係者の把握を行い，支援を実践するための人々の集合体（チーム）を構築するところから始まります。関係者の抽出については，利用者が何を希望し，どうしていきたいのかという主訴に応じて，抽出する関係者を選定していくことが必要です。その後，抽出された関係者に対し，各々の有する能力に応じ，利用者の支援について役割分

図2-5　チームアプローチ実践の考え方

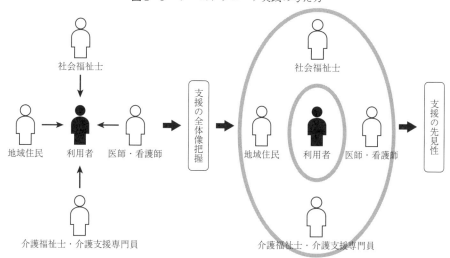

担を行い，それら役割分担のなかで，関係者は利用者に接していくことが重要となります。

　そのため支援者は，利用者を中心とした支援内容の全体像を把握していなければなりません。さらに，支援者は関係者が実践する支援内容によって，利用者にどのような効果をもたらすかといった支援の効果を見定める先見性が必要となります。つまり，チームアプローチを実践する上で，支援者に求められる技術とは，「支援の全体像の把握」と「支援の先見性」が必要となります。

　多職種間で連携したチームアプローチを実践するためには，各専門職間での知識の充実性と技術の理解度が成否に影響すると言えます。福祉職には医療的知識が必要であり，医療職にも福祉的知識が必要であるといえます。また，専門職のみならず，民生委員やホームヘルパー，近隣住民との協働においても，それらに対する知識がなければ目的や情報を共有することが難しくなると言えるでしょう。

　そのため，支援者である社会福祉士は絶えることのない成長意欲を持ち，利用者に関わるあらゆる情報に敏感でなければなりません。

参考文献
社会福祉士養成講座編集委員会編『相談援助の基盤と専門職 第3版』（新・社会福祉士養成講座⑥），中央法規出版，2015年。

コーディネーション
——その必要性と実践方法を理解する

1 ねらい

　戦後の第1次ベビーブーム期（1947〜1949年）に生まれた人々（団塊の世代）が後期高齢者となる，いわゆる2025年問題への対応として，各地方自治体では地域包括ケアシステムの構築とその効果的な運用が喫緊の課題となっています。地域包括ケアシステムは，住まい・医療・介護・予防・生活支援が一体的に提供することを目的としたネットワークのことです。このネットワークの中で，大変重要な役割を果たすと考えられるのが生活支援コーディネーターです。生活支援コーディネーターの役割は，「高齢者の生活支援・介護予防の基盤整備を推進していくことを目的とし，地域において，生活支援および介護予防サービスの提供体制の構築に向けたコーディネート機能を果たす者」[1]と示されています。支援を目的としたネットワークは自然に形成されるものではなく，意図的なコーディネーションによって創り出される成果物であるといえます。本節では，有機的なネットワークを形成するために必要なコーディネーションについて理解を深め，求められるスキルの修得を目標とします。

2 概　念

　グローバリゼーションを背景とした社会の進展とともに人々の生活構造は多様なものへと変化しています。同時に社会福祉ニーズも多様化，複雑化したものへと変化しています。援助の必要性をもつクライエントへの支援を考えた時，その潮流は1980年代以降，大きく変化してきたということができます。住み慣れた地域で，必要な社会資源を適切に使用し，「生活のしづらさ」を解消・軽減するという地域生活支援，地域福祉の実践が求められるようになりました。地域に点在する，もしくは不足した社会資源を適切に調整・調和するような働きかけ，つまりコーディネートが求められています。

　一般的にコーディネートとは，「装飾などをうまく組み合わせること」，また「インテリア等において色柄・素材・形などが調和するように組み合わせること」とされています。インテリア・コーディネーターやカラー・コーディネーターといった言葉（職業）からもわかるように，ある要求や目的に対して，関連する素材や資源を調和，組み合わ

せて，要求や目的に合致したものとして整合することをコーディネートということができます。またその機能をコーディネーション，それを実践する人をコーディネーターといいます。

では改めてソーシャルワーク実践におけるコーディネーションとはどのようなことを指すのでしょうか。空閑は「クライエントを援助する際に，医師や看護師など他の専門職による関わり，あるいはさまざまな施設・機関からのサービスが同時に必要になる場合があるが，その際には，専門職間の連携を図り，諸サービスの調整をしながら全体としてクライエントの生活を支援していくこと[(2)]」と示しています。つまり他職種や他機関等，またボランティアや地域住民等の協働の場を創出し，それをクライエントの支援に適合するよう調整・調和することであり，そのような働きかけ，また実践技術のことであると言えます。ソーシャルワーカーがコーディネートを図る（コーディネーションする）場合，以下に示すような技術の提供が求められます。

（1）協働の場の創出

クライエントの地域生活支援において不可欠なのは，一つの事業所や法人といった専門的なサービスに特化した支援体制を超えた他職種，他機関連携，また民生委員や近隣住民等を含めた「協議の場」を創出，またそれを運営していくことです。協議の対象となるのはもちろん地域課題や地域生活における支援や見守りを必要とするクライエントに関する必要最低限の情報の共有ということになります。協議に参加する関係者がそれぞれの立場から地域課題，支援の必要性を持つ人へのアプローチを提案し，協働の中で課題解決へ取り組めるような体制，支援のネットワーク形成に向けた働きかけと有機化，地域化を図ることが必要です。ソーシャルワーカーには，協議の場の形成，また支援のための有効な手段として運営することが求められます。

（2）ファシリテーション

ネットワークの構成要素となる専門職や機関，また地域住民等は相互に専門性や特質を有している一方で，課題や支援の必要性に対する同様の視点や共通認識を有しているわけではなく，価値観の相違や利害関係を有することも考えられます。それぞれ異なる立場を理解し，目標の共有と役割分担を明確化することでネットワークは機能することとなります。そのためにソーシャルワーカーはネットワークの構成要素間の仲介を行い，そこにあるコンフリクト（軋轢・摩擦）のマネジメント，つまりファシリテーションが求められます。

3 ワーク

（1）地域協議会の開催

次に示す例題に対する問いについてグループで話し合いましょう。

例題）あなたが住んでいる地域において，近年になって急激に外国人労働者が増えてきました。それに伴い，言葉や文化，生活習慣の違いに伴う住民トラブルが問題となっています。

問1．協議会に必要であると考える社会資源とは？
問2．上記に示した各社会資源に対する具体的な働きかけとは？

（2）ファシリテーション

あなたの目の前に悩んでいる友人がいます。その友人は，「アルバイトで失敗をしてしまった…。収支が合わず，店長はもちろん，他のアルバイトの仲間にもすごく迷惑をかけてしまった…。」そう言って落ち込んでいます。出来事に関する詳細はよく分からない中，あなたがその友人に言うであろう質問（メッセージ）を考えましょう。また，それをメンバーで共有しましょう。

（3）コンフリクト・コミュニケーション（「I メッセージ」）

他者に対して自らの否定的な感情を伝えようとする際，多くの場合，「お前」「YOU」を主語にして自らの感情を伝える可能性があります。ここでは同様の発言について例を参考として意図的に「私」「I」という言葉を主語にして伝えてみましょう。

You メッセージ	I メッセージ
例）あなたはいつも遅れてくる。	例）あなたが遅れてくると私は困ってしまいます。

4	解説とまとめ

　現在，クライエントの地域生活支援，また地域における住民の共通的な課題の解決や予防において地域社会資源の効果的な連携，つまりネットワークは非常に重要な概念でありツールとなっています。そのようなネットワークは適切なコーディネーションによって形成されます。ネットワークを構築するコーディネーターとなり得るソーシャルワーカーは，ネットワークの構成員となる各社会資源（フォーマル・インフォーマル）の特質を十分に理解していることが求められます。また，協議会のような場を創出し，社会資源間の有機的な連携が図られるよう働きかけること，つまりコーディネーションが求められます。さらにそれぞれの社会資源を調和させる（コーディネーション）ための姿勢と技術の提供が必要であり，その技術としてファシリテーションやネゴシエーション（交渉）などが考えられます。

　アルバイトで失敗をしてしまった友人に対し，「次はどうしたらうまくいく（未来重視型）」「どうすれば正しくできる（解決志向型）」「何から始めていこうか（肯定型）」「私にできることはある？（支援型）」といった働きかけをするのは，ファシリテーターが他者の力を引き出すための質問方法として重要です。

　また，複数の関係者によるコンフリクトが生じた場合，それらを回避するのではなく，適切に対処するために，アサーティブネスなコミュニケーションとして「I メッセージ」を適切に使用することが求められます。ネットワークの力を最大限発揮するために，ソーシャルワーカーは関連機関等のコーディネーションを図る中で，よきファシリテーターとして活動することが求められています。

注
(1)　厚生労働省「地域包括ケアシステム」（https://www.mhlw.go.jp/stf/seisakunitsuite/bunya/hukushi_kaigo/kaigo_koureisha/chiiki-houkatsu/, 2019年12月13日アクセス）。
(2)　空閑浩人「コーディネーション」山縣文治ら編『社会福祉用語辞典 第9版』ミネルヴァ書房，2013年，103頁。

参考文献
岩間伸之・原田正樹『地域福祉援助をつかむ』有斐閣，2012年。
社会福祉士養成講座編集委員会編『相談援助の理論と方法 II 第3版』（新・社会福祉士養成講座⑧）中央法規出版，2015年。
堀公俊『問題解決ファシリテーター「ファシリテーション能力」養成講座 第16版』東洋経済新報社，2015年。

13 ネットワーキング
――その必要性と実践方法を理解する

1 ね ら い

　人は一人で生きていくことはできず，必ず誰かと繋がって生活しています。同様に
ソーシャルワークもソーシャルワーカー一人で実践することはなく，誰か（どこか）と
繋がってソーシャルワークを実践します。特に近年では，地域包括ケアシステムや障害
者の地域生活の支援といった地域を基盤としたソーシャルワークにおいてネットワーク
の構築（ネットワーキング）が求められています。そこで本節ではコミュニティにおける
ネットワーキングの必要性（意義）と，ソーシャルサポートネットワークの形成につい
て，演習を通して理解を深めます。

2 概　　念

　ネットワーキングとは，どのような意味でしょうか。ネットワークと同じ意味で用い
る場合があるかもしれませんが，ここでは「コミュニティケアにおける多様な主体間の
関係性の構造を表す用語にはネットワーク，そのネットワークを形成するための実践プ
ロセスに対しては，ネットワーキングをあてる⁽¹⁾」とします。そしてインフォーマルなセ
クターとフォーマルなセクターの「総合的な連携による支援方法⁽²⁾」を，ソーシャルサ
ポートネットワークといいます（図2-6）。ネットワーキングは，①その目的は何か，
②主体は誰か，③ネットメンバーの構成範囲，④運営内容の４つの要件で構成されます⁽³⁾。

3 ワ ー ク

　ここでは事例を通してコミュニティにおけるネットワーキングの必要性（意義）と，
ソーシャルサポートネットワークの形成について理解を深めます。

（1）地域の高齢化
　次の事例を読み，高齢者の増加に伴う課題を１つ挙げ，その課題を解決するネット
ワーキングの要件について考えましょう。

図2-6　ソーシャルサポートネットワーク

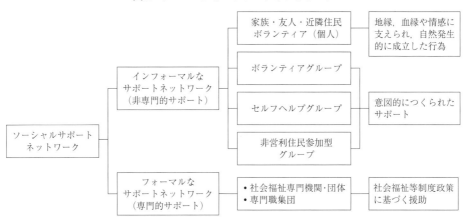

資料：上野谷加代子作成
出所：社会福祉士養成講座編集委員会編『地域福祉の理論と方法　第3版』（新・社会福祉士養成講座⑨）中央法規出版，2015年，198頁。

事例①

　F市は人口約7万人の地方都市，市域の約7割は山間部で平坦部は約3割です。平成の大合併で隣接する町と合併しましたが，他の自治体と同様，年々人口が減少しています。人口の減少は少子高齢化を意味し，高齢者数の増加は，高齢者世帯や一人暮らし高齢者数の増加につながります。特に山間部の少子高齢化は顕著であり，F市でも限界集落に近い地域も現れ始めてきました。

　近年こうした高齢者数の増加現象により，認知症高齢者の増加，高齢者のひきこもりや日常生活の不活性化，高齢者を狙った特殊詐欺などの消費者被害，孤独死など，幾つかの課題がF市においても浮き彫りになってきました。そこで，高齢者が安心して生活できる地域づくりが必要なのではないかという声が上がってきました。

---

① 　課　　題

② 　目的は何か（何のためにするのか）

③ 　主体は誰か（誰・どこが中心となるのか）

④ 　ネットメンバーの構成範囲（関わる人・機関）
　　＊フォーマルサポートとインフォーマルサポートを区分する。

⑤ 　運営内容（具体的に何をするのか）＊5W1Hで考える。

（2）地域の子育て支援

　次の事例を読み，子育てに関する課題を１つ挙げ，その課題を解決するネットワーキングの要件について考えましょう。

事例②

　O市G地区は新興住宅地であり外部からの転入者が多く，共稼ぎの若い夫婦と小さい子ども１・２人という核家族が殆どをしめています。若い夫婦は自分の親と同居していないため子育ての悩みや不安について，アドバイスを貰える人が身近にいません。普段子どもは，保育所などに預けていますが，発熱などで保育所を休まなければならない時は，夫婦どちらかが仕事を休まなければなりません。中には経済的に苦しい家庭があり，子どもの教育費に不安を抱えている人がいたり，ある専業主婦は家事や育児を全くしない夫をもち，常に子どもといることでストレスがたまり，いつか虐待をしてしまうのではないかと悩んでいます。このように子育てに関する様々な悩みが顕在化しつつあるG地区で，子育てについてのネットワークを構築すべきなのではないかという意見が，少しずつ出てきました。

① 　課　題
② 　目的は何か（何のためにするのか）
③ 　主体は誰か（誰・どこが中心となるのか）
④ 　ネットメンバーの構成範囲（関わる人・機関） 　　＊フォーマルサポートとインフォーマルサポートを区分する。
⑤ 　運営内容（具体的に何をするのか）＊５Ｗ１Ｈで考える。

4　解説とまとめ

　演習では，「概念」で示した４つのネットワーキングの構成要件にそって，２つの事例に取り組みました。そもそもネットワーキングの前提として，フォーマル・インフ

ォーマルともにその地域にどのような社会資源が存在し，それぞれにどのような特徴があるかを把握していなければなりません。例えば，何日も同じ洗濯物が干してあったり新聞受けに新聞がたまっているのを確認するのは，郵便や宅配，新聞，牛乳などの配達員が相応しいでしょうし，振り込め詐欺などの特殊詐欺を防ぐのは，金融機関や消費生活センターが相応しいでしょう。また，そのネットワークに参加・協力を拒む社会資源があったとしたら，ソーシャルワーカーにはネゴシエーション（交流）などが求められるでしょう。

　既に全国では様々なネットワーク構築に向けた取り組みがなされています。例えば茨城県水戸市では，2013年1月に高齢者，障害者及び子供が安心して暮らせる地域作りを目的として水戸市要援護者等見守りネットワーク「水戸市安心・安全見守り隊」が発足しました。その参加団体・事業者は，郵便・宅配，新聞・牛乳・乳飲料販売店，コンビニ，商店，金融機関，大学，社会福祉協議会・社会福祉事業団，民生委員児童委員連合協議会，住みよいまちづくり推進協議会，消防団・女性防火クラブ，高齢者クラブ連合会，シルバー人材センター，消費生活センター，交通機関，不動産，ごみ収集リサイクル，電機・ガス・水道などで，個々の店舗などを数えると180近くにもなります[4]。これらの参加団体・事業者が，「日々の活動や業務の中で異変に気付いた場合に公的機関へ連絡を行い，公的機関が状況を確認した上で，対応を行うこととしています[5]」。地域で生活する高齢者や障害者など社会的弱者といわれる人々を，1つの機関や団体だけで支援するには限界があります。そのためにもネットワーキングの必要性（意義）や，ソーシャルサポートネットワークの形成について理解を深めることは，非常に重要なのです。

注

(1) 川島ゆり子『地域を基盤としたソーシャルワークの展開』ミネルヴァ書房，2011年，44頁。
(2) 白澤政和ら編著『ソーシャルワークの理論と方法Ⅰ』ミネルヴァ書房，2010年，261頁。
(3) 同前書，236頁。
(4) 水戸市HP（https://www.city.mito.lg.jp/001245/kourei/service/p012132.html，2019年12月6日アクセス）。
(5) 消費者庁HP「地域における見守りネットワーク構築に向けた取組事例」（https://www.caa.go.jp/policies/policy/local_cooperation/system_improvement/consumer_safety_act_amendment/pdf/160105_jirei_all.pdf，2019年12月6日アクセス）。

参考文献

相澤譲治監修『ソーシャルワークの理論と方法Ⅱ』みらい，2010年。
川延宗之ら編著『相談援助の理論と方法Ⅱ』久美，2011年。
社会福祉士養成講座委員会編『相談援助の理論と方法Ⅱ 第3版』中央法規出版，2015年。
柳澤孝主ら編『相談援助の理論と方法Ⅱ 第2版』弘文堂，2014年。

14 社会資源の活用・調整・開発
——その特質と求められる技術を理解する

1 ねらい

　社会福祉サービスの在宅福祉化が叫ばれるようになって随分時間が経過しました。か
つて，筆者が宮城県仙台市で大学生であった時に，当時の宮城県知事であった浅野氏は，
ノーマライゼーションに則り，社会福祉サービス事業，特に知的障害者福祉施設の「施
設解体」と地域生活の実現を訴えていました。筆者はその主張に対し，全面的に賛同の
意を有していました。当事者やその家族のために地域生活を実現することに反対する理
由が見当たらなかったからです。

　一方で，自治体による「施設解体」は遅々として進まず，当時，実際には実現するこ
とはできませんでした。その要因は，地域における社会資源の不十分さによるところが
大きかったといえます。社会福祉施設での生活の質と同等以上の地域生活の質を保証す
る地域社会資源が当時は整っていなかった，または有効に機能していなかったのではな
いでしょうか。

　地域生活を支える上で必要不可欠な地域における支援機能を，適切にマネージメント
（活用・調整・開発）することが現代のソーシャルワーカーには求められています。その
ようなマネージメントがあってはじめて，施設サービスに代わる地域生活が展開できる
のでしょう。本節では，社会資源の特質を理解するとともにそれら社会資源の有効な活
用と調整，開発について理解を深めます。

2 概　　念

　社会資源とは「福祉ニーズの充足のために活用・動員される施設・設備，資金・物品，
諸制度，技能，知識，人・集団などの有形，無形のハードウェアおよびソフトウェアを
総称する⁽¹⁾」と定義されています。社会資源は幅広く，クライエントやその家庭への支援
に「活用できる（活用すべき）あらゆるもの」と言い換えることができます。社会資源
は，フォーマルな社会資源とインフォーマルな社会資源に分類することができます。

　フォーマルな社会資源とは，利用要件や利用料等一定の要件に該当すればどのような
人でも利用が可能な，社会的に用意されたサービスのことを指しています。福祉事務所

や特別養護老人ホーム，保育所や市役所，病院などがフォーマルな社会資源であるといえます。フォーマルな社会資源を提供しているのは，多くの場合，その機関等の職員（専門職）であるため，そのサービスの専門性は一般的に高く，加えてサービスの継続性や安定性もあります。しかし，要件に該当しなかった場合にはサービスを受けることができなかったり，個別な事情に必ずしも応じられるとは限りません。また，サービス利用にあっては申請等の手続きが必要となります。

　一方，インフォーマルな社会資源とは，クライエントが有する私的な人間関係の中で提供されるもののことを指します。家族，親族，近隣住民や知人，友人，同僚，ボランティアなどがインフォーマルな社会資源であるといえます。フォーマルな社会資源に比べ，専門性は必ずしも高いとは言えません。また長期にわたる支援という面では安定性に欠け，継続的な関わりが期待できない場合もあります。しかし，インフォーマルな社会資源と対象クライエントやその家庭との間で結ばれる個別的な関係性は，フォーマルな社会資源に比べ親密的であり，融通性を持っているといった特徴があります。

　メリットとデメリットを有するフォーマル，インフォーマルな社会資源は，すべての地域において十分に，また平等に存在するわけではありません。地域の特性同様，その地域の人口構造や産業構造，歴史や文化によって社会資源の有無，その濃淡に差異があります。ですので，ソーシャルワーカーは関わる地域の社会資源について十分にアセスメントする必要があります。そのうえで支援に効果的な社会資源がその地域にある場合には，その活用がクライエントにとって効果的なものとなるよう個別性に応じて調整する必要があります。また社会資源そのものがない場合には社会資源の開発が必要となります。社会資源の開発には，社会資源としての制度設置を行政等へ要求するソーシャルアクション型，地域住民の意識に働きかける福祉教育型，自治体等による各種福祉計画を活用したソーシャルプラン型，すでにある制度や資源を再資源化する既存制度活用型，そしてクライエントの親族や近隣等の人々から支援を引き出すソーシャルサポートネットワーク活用型があります。[2] 既存制度活用型，ソーシャルサポートネットワーク活用型においては，ソーシャルワーカーの働きかけが重要なポイントとなってきます。

3　ワーク

（1）身の回りにある社会資源

　現在のあなたの生活において関連する社会資源をフォーマルな社会資源とインフォーマルな社会資源に分けて以下の表に記入しましょう。また，それぞれの社会資源が主として提供している機能（サービスや効果等）についてもまとめ，他のメンバーに発表しましょう。

私にかかわる社会資源	
名　　称	機能（サービスや効果等）
フォーマル ・ ・	・ ・
インフォーマル ・ ・	・ ・

（2）必要な社会資源

　次の事例を読み，Ａ町が抱える問題に対して機能とその効果が見込まれる既存の（事例に示されている）社会資源を提示しましょう。

事　　例

　人口およそ2,000人のＡ町では昔から老人クラブ（敬老会）が盛んでしたが，町の人口減少と高齢化に伴い，最近では参加者も減り，多くの高齢者が他者との関わりを持たずに生活するようになってきました。したがってＡ町社会福祉協議会では，町の中の各行政区にある公民館を利用し何かできないか検討を重ねています。一方で，地域住民の中には多くの外国籍の若い夫婦も増え，時に近隣とのトラブルや児童の不就学なども問題視されるようになってきています。

社会資源	提供できそうな機能

（3）社会資源の開発

　（2）で示された既存の社会資源を踏まえ，今後「Ａ町にあったらいいな」という社会資源を提案しましょう。

「Ａ町にあったらいいな」という社会資源の機能と問題点		
【社会資源名】	【機能】	【問題点】

4　解説とまとめ

　私たちは日常生活を営む上で様々な社会資源を利用しながら生活上のニーズを充足し QOL の向上・維持を図っています。多くの場合，日常生活上の効果的な社会資源の利用は自主的な選択によって形成され，それらを俯瞰的に見ると個人や家族を取り巻くソーシャルネットワークと位置づけることができるのではないでしょうか。

　前項（1）を通じて，私たち自身の日常生活におけるソーシャルネットワークを振り返り，ネットワークを構成しているフォーマル，インフォーマルな社会資源を再確認することができたでしょうか。フォーマルな社会資源の恒久性を活用し，また，インフォーマルな社会資源の柔軟性を活かして自身の生活上の欲求の充足や QOL の向上を図っていることが確認できたのではないでしょうか。社会資源を社会福祉サービスとして位置づけ，クライエント支援にあたり活用する際には，フォーマル，インフォーマル相互が補完的に作用すするために，それぞれの社会資源の機能はもちろん，その利用方法や個別的な適用について考えることができるよう，社会資源に対する十分なアセスメントが重要です。

　クライエントの中には，問題可決に向け自主的に社会資源を選択することが難しいという場合があります。その理由としては，社会資源があるにもかかわらず，うまく機能していないという場合と，そもそも効果的な社会資源を有していない，その地域に存在していないという場合が考えられます。ソーシャルワーカーは，サービスとして機能できていない社会資源の問題点を明確化し，有効化するよう調整する必要があります。また，すべての地域において社会資源が潤沢であるわけではないため，不足している社会資源を開発，また有する機能を個別的な内容へ応用化，再資源化するよう働きかけます。地域住民のニーズの充足に対して直接的ではない複数の社会資源の機能を統合化（ブリコラージュ）し，新たな社会資源として再資源化することも重要です。

注
(1)　小田兼三ら編『現代社会福祉学レキシコン』雄山閣出版，1998年，164頁。
(2)　狭間香代子『ソーシャルワーク実践における社会資源の創出——つなぐことの論理』関西大学出版部，2016年，20-21頁。

参考文献
岩間伸之・原田正樹『地域福祉援助をつかむ』有斐閣，2012年。
社会福祉士養成講座編集委員会編『相談援助の理論と方法Ⅱ　第 3 版』（新・社会福祉士養成講座⑧）中央法規出版，2015年。

15 まとめ──自己評価の言語化と課題の明確化を図る

1 ね ら い

第2章は,「ソーシャルワークの展開」という位置づけでした。具体的には,第1章で学習したクライエントシステムに関する理解を踏まえ,ソーシャルワーク・グループワーク・コミュニティソーシャルワークのプロセスと,そこで活用される技術(面接やアウトリーチ,チームアプローチ,コーディネーション,社会資源の活用・調整・開発など)について学習しました。そして第2章の最終節となる現段階で,下記の目標が達成されていることが期待されます。

① ソーシャルワークのプロセス(展開過程)について説明ができる。

② 基本的な面接技術について実践できる。

③ グループワークのプロセス(展開過程)と,ソーシャルワーカーの役割について,明瞭な説明ができる。

④ ファシリテーションなどグループワークにおける専門技術について実践できる。

⑤ コミュニティソーシャルワークのプロセス(展開過程)について説明ができる。

⑥ アウトリーチ,チームアプローチ,コーディネーション,ネットワーキング,社会資源の活用・調整・開発といった援助技術について,その目的と方法を説明できる。

本節は第2章での取り組みを振り返り,学習目標に対してどのような学びができたのか,また今後も継続するソーシャルワーク演習を含めた専門的な学習に向けて,自己の課題はどのようなものなのかを,具体的に把握することを目的とします。

2 概 念

本章では,ソーシャルワーク・グループワーク・コミュニティソーシャルワークの展開過程の中で,評価を行うことを学びました。支援過程を振り返る(評価する)ことは,「クライエントにとっては自らの取組みによって築いてきた力を確認する意味があり」[1]ます。これは学習者にとっても同じで,理解したことや理解できていないことなどを言語化することで,学習者の「力を確認する」ことになります。また課題を明確化すること

はどこが弱点かを明らかにすることであり，復習にも役立つでしょう。もしも第2章で学んだ項目の中で，十分に説明できない項目があった場合は，しっかり復習しましょう。

3　ワーク

（1）学習目標に対する評価

第2章の学習目標に対して，獲得できた知識や技術について書き出しましょう。

学習目標	獲得できた知識・技術
①　ソーシャルワークのプロセスについて説明ができる。	
②　基本的な面接技術について実践できる。	
③　グループワークのプロセスと，ソーシャルワーカーの役割について，明瞭な説明ができる。	
④　ファシリテーションなどグループワークにおける専門技術について実践できる。	
⑤　コミュニティソーシャルワークのプロセスについて説明ができる。	
⑥　アウトリーチ，チームアプローチ，コーディネーション，ネットワーキング，社会資源の活用・調整・開発といった援助技術について，その目的と方法を説明できる。	

（2）自己課題と対策の明確化

　第2章の学習目標に対して課題となったことやそれら課題の克服のために行うべき対策について書き出しましょう。

① 　ソーシャルワークのプロセスについて説明ができる。	
課題	対策

② 　基本的な面接技術について実践できる。	
課題	対策

③ 　グループワークのプロセスについて，説明ができる。	
課題	対策

④ 　ファシリテーションなどグループワークにおける専門技術について実践できる。	
課題	対策

⑤ 　コミュニティソーシャルワークのプロセスについて説明できる。	
課題	対策

⑥ 　アウトリーチ，チームアプローチ，コーディネーション，ネットワーキング，社会資源の活用・調整・開発といった援助技術について，その目的と方法を説明できる。	
課題	対策

4　解説とまとめ

　ここでは，学習目標に対する評価について，簡単に確認します。

　まずソーシャルワークは，ケースの発見⇒インテーク⇒アセスメント⇒プランニング⇒インターベンション⇒モニタリング⇒エバリュエーション⇒ターミネーションの順で展開していきます。また面接場面では，エコロジカル視点やバイオ・サイコ・ソーシャ

ルといった視点から個人を捉え，バイスティックの7原則やオープンクエスチョン，ク
ローズドクエスチョン等の基本技術を活用して，意図的に介入することが重要です（第
2章1〜5節参照）。

　グループワークは，準備期⇒開始期⇒作業期⇒終結期の順で展開します。ワーカーは
「展開課程に応じてファシリテーターの技術を使い，グループの理想の状態である相互援
助システムを形成し発展させ，個々あるいはグループの課題を解決する」役割がありま
す。そして各期では，準備期における波長合わせ，開始期における互いの存在確認と契
約，作業期での相互援助システムの活用とグループダイナミクスの把握，終結期での感
情の受容と分かち合い，そして振り返り等の専門技術が求められます（第2章6〜8節参
照）。

　一方，コミュニティソーシャルワークのプロセスは，アセスメント（事前評価）⇒プ
ランニング（計画）⇒プランの実行（介入）⇒モニタリング⇒評価という順序で展開し
ていきます（第2章9節参照）。

　上記以外の援助技術も学びました。アウトリーチは「問題や課題を抱える人々の所へ
支援者が出向き，手を差し伸べ支援をすること」を指します。「複数の専門家がチーム
を組み課題に対応する」チームアプローチには，「支援の全体像の把握」と「支援の先
見性」が求められます。またソーシャルワーカーがコーディネーションする場合，協働
の場の創出やファシリテーションの技術が求められます。一方ネットワーキングは，目
的，主体，構成範囲，運営内容の4つの要件で構成されます。このネットワーキングの
前提として「地域にどのような社会資源が存在し，それぞれにどのような特徴があるか
を把握していなければなりません」。そうでなければ社会資源を活用したり，調整した
りすることはできません。もし必要な社会資源がなければ開発することも必要です（第
2章10〜14節参照）。

　次の第3章では，「ソーシャルワークの実践」について学習します。これまでの第
1・2章をはじめ，習得した知識や技術などを，事例を通してより実践的に活用し，総
合的・横断的な理解の促進を，図ります。そのため本章で学んだ項目の中で，十分に説
明できない項目などがあった場合は，テキストなどでしっかり復習しましょう。

注
(1)　社会福祉士養成講座編集委員会編『相談援助の理論と方法Ⅰ　第3版』中央法規出版，
　　2015年，147頁。

第3章

ソーシャルワークの実践

第2章の振り返り
——学習内容の確認と自己課題を把握する

1 ねらい

　本章では，これまでの第1章「ソーシャルワークの基礎」，第2章「ソーシャルワークの展開」での学びの内容を踏まえて，それらの知識と実践技術を，事例を通じてより実践的に活用し，「総合的かつ包括的な相談援助（ソーシャルワーク）」の展開について理解を深めていくことを目的としています。

　本節では，第2章「ソーシャルワークの展開」での学びの振り返りと第3章「ソーシャルワークの実践」の目標，及び学習に取り組む姿勢について確認します。

2 概　念

　「総合的かつ包括的な相談援助（ソーシャルワーク）」とは，1990年代以降に進められてきたソーシャルワーク理論の統合化（主要なソーシャルワークの方法論であったケースワーク，グループワーク，コミュニティワーク等を融合させながら知識・技術・価値等の一体化・体系化していく取り組み）によって確立されてきた「ジェネラリスト・ソーシャルワーク」を理論的な基盤として構成される，現代におけるソーシャルワーク理論の体系になります[1]。

　本章では，実践事例を用いて，まずこの「総合的かつ包括的な相談援助（ソーシャルワーク）」の主要な方法論となっている「個人に対するソーシャルワーク実践（ケースワーク）」「グループ（集団）を活用したソーシャルワーク実践（グループワーク）」「地域（コミュニティ）に対するソーシャルワーク実践（コミュニティソーシャルワーク）」について実践における展開の過程を具体的に理解し，その上で理論的な基盤となっている「ジェネラリスト・ソーシャルワーク」の特質を踏まえて，個人，グループ（集団），地域（コミュニティ）を対象とした横断的・総合的な専門知識・技術の実践展開を具体的に理解していくことになります。

　目標として，次の4つを達成することができることが期待されています。

　　①　ソーシャルワークに関する事例を用いて，個人に対するソーシャルワーク実践に関し，必要な知識と技術を言語化することができる。

② ソーシャルワークに関する事例を用いて，グループ（集団）を活用したソーシャルワーク実践に関し，必要な知識と技術を言語化することができる。

③ ソーシャルワークに関する事例を用いて，地域（コミュニティ）に対するソーシャルワーク実践に関し，必要な知識と技術を言語化することができる。

④ ソーシャルワークに関する事例を用いて，個人，グループ（集団），地域（コミュニティ）を対象とした横断的・総合的な専門知識・技術の活用を理解することができる。

3　ワーク

（1）第2章の振り返り

これまで学んだ第2章の内容について，以下の項目に沿って説明・自己評価しましょう。

チェック項目	説明・自己評価
① ケースワークのプロセスについて説明しましょう。	
② 基本的な面接技術について実践できますか？	とても良く実践できる　　　　　全く実践できない 　1　　　2　　　3　　　4　　　5
③ グループワークのプロセスと，ソーシャルワーカーの役割について，明瞭に説明しましょう。	
④ グループワークにおける専門技術について実践できますか？	とても良く実践できる　　　　　全く実践できない 　1　　　2　　　3　　　4　　　5
⑤ コミュニティソーシャルワークのプロセスについて説明しましょう。	
⑥ アウトリーチ，チームアプローチ，社会資源の活用・調整・開発，ネットワーキングといった援助技術について，その目的と方法を説明しましょう。	

（2）プロセス等で留意すべき点の振り返り

（1）のワークで記載した内容を踏まえて，複数人数で確認し合いましょう。

ケースワークのプロセスで留意すべき点
グループワークのプロセスで留意すべき点
コミュニティソーシャルワークのプロセスで留意すべき点
アウトリーチ，チームアプローチ，社会資源の活用・調整・開発，ネットワーキングの目的と方法で重要な点

4　解説とまとめ

　本節のワークでは，第2章において学んできた各目標について，その理解度を振り返っていただきました。特にその中で留意していただきたいポイントは次の点になります。

　①のケースワークのプロセスについてでは，プロセスの各段階の意義を理解するとともに，その各段階でソーシャルワーカーにどのような姿勢や力が求められているのかという視点が重要になります（第2章2節参照）。

　②の基本的な面接技術についてでは，ソーシャルワーカーの姿勢を理解するとともに，各技術に求められているポイントについて出来る限り対面するクライエントをイメージしながらより実践を意識した理解をしていただきたいという点が重要になります（第2

章3～5節参照）。

　③のグループワークのプロセスと，ソーシャルワーカーの役割について及び④グループワークにおける専門技術についてでは，グループワークのプロセスの意義を理解するとともに，その各段階においてソーシャルワーカーがグループにどのような働きかけを行い，そのグループの持つどのような力を引き出していくのかという視点が重要になります（第2章6～9節参照）。

　⑤コミュニティソーシャルワークのプロセスについてでは，プロセスの意義を理解するとともに，ソーシャルワーカーが地域（コミュニティ）をどのように把握し，課題を分析しいていくのかということやどのように解決策を見出していくのかという視点が重要になります（第2章6～9節参照）。

　⑥アウトリーチ，チームアプローチ，社会資源の活用・調整・開発，ネットワーキングといった援助技術についてでは，各技術の持つ意義を理解するとともに，その技術がどのような場面で求められ，どのように用いられているのかという視点が重要になります（第2章10～14節参照）。

　第2章において学んできたこれらの「ソーシャルワークの展開」での学習の内容を十分に理解し，展開していけるようにしておくことが，第3章における「ソーシャルワークの実践」を学んでいく上での基盤になりますので，しっかりと身に付けた上で本章に取り組みましょう。

注
(1)　社会福祉士養成講座編集委員会編『相談援助の基盤と専門職　第3版』（新・社会福祉士養成講座⑥）中央法規出版，2015年，178頁。

参考文献
岩間伸之「地域を基盤としたソーシャルワークの特質と機能――個と地域の一体的支援の展開に向けて」『ソーシャルワーク研究』37（1），2011年。
社会福祉士養成講座編集委員会編『相談援助の基盤と専門職　第3版』（新・社会福祉士養成講座⑥）中央法規出版，2015年。
社会福祉士養成講座編集委員会編『相談援助の理論と方法Ⅰ　第3版』（新・社会福祉士養成講座⑦）中央法規出版，2015年。
岩間伸之・白澤政和・福山和女編著『ソーシャルワークの理論と方法Ⅱ』ミネルヴァ書房，2010年。
田中英樹・中野伸彦編著『ソーシャルワーク演習のための88事例――実践につなぐ理論と技法を学ぶ』中央法規出版，2013年。

2　インテーク──児童家庭支援における展開①

1　ね　ら　い

　本章第2～4節は，母子生活支援施設でのケースを通して，ソーシャルワークのプロセス（展開過程）における「インテーク」「アセスメント」「プランニング」までの段階について学びます。本節では，「インテーク」の段階でのインテーク面接について，演習を通して知識と理解を深めることを目的として学習します。

2　概　　念

　インテークとは，支援の最初の段階で初回面接にあたります。精神的に何らかの困難や問題を抱えた人と支援者の出会いの場面です。支援者は相談者が安心して自由に表現できる雰囲気をつくるとともに，話した内容について秘密が保持されることを伝え，相談者が抱えている悩みを安心して語ることを保障することが重要です。

　アセスメントは，クライエントに関する情報を収集し，援助目標を決定するための，解決されるべき問題を明確にする段階です。アセスメントの過程でクライエントのストレングスに焦点を当てることは，無力感や自己効力感を低めているクライエントのエンパワメントにつながります。アセスメントのツールとして，エコマップやジェノグラムが使用されます。

　プランニングは，実際の支援内容を決める大切な段階です。アセスメントで明らかになった問題に対して，それらを解決するための目標が決定されます。次に，それらの支援目標に到達するための具体的な計画を取り決めます。クライエントが支援計画の作成に参加し，共に立案することが望ましいです。

3　ワ　ー　ク

　まず，次の事例を読みましょう。

┌─ 事例の概要 ─────────────────────────────

　（1）利用者のプロフィール

・母親：クライエントT子（31歳，専業主婦）

　高校卒業後，地元の自動車販売店に勤務しました。そこで知り合ったM男と5年前に結婚し，退職しました。翌年娘を出産しました。夫は結婚当初はクライエントへの暴力はありませんでしたが，娘のY美が産まれてから暴力が始まりました。娘に対しての暴力はありませんでした。暴力で何度か骨折し，入院したこともあります。何度か実家に逃げ帰ったこともありましたが，連れ戻されました。実家に迷惑がかかるのが一番辛いです。

・父親：M男（32歳）

　大学卒業後自動車販売店で営業の仕事をしています。結婚当初は仕事も順調で夫婦関係も良好でした。しかし，結婚1年後に娘が産まれたころから営業成績が悪くなってしまいました。意気消沈して帰宅すると，娘が泣きじゃくっていて，イライラが募りました。

　ある日，気がついたら妻に対して大声で怒鳴りながら暴力を振るってしまいました。倒れている妻を見て我に返り後悔をしました。しかし，イライラが募ると，つい妻に暴力を振るってしまっています。妻がいないと，自分は生活できないので，いつも家にいて欲しいと思っています。

　（2）入所に至った経緯

　Y美が幼稚園に入園し，保護者間の付き合いで，T子の外出が増えるようになりました。そのことが夫M男のイライラが募り，些細なことで暴力を振るわれるようになりました。逃げる前は毎日おびえていました。気が付いたら，娘と一緒に身の回りのものと手元にあったお金だけを持って新幹線に乗っていました。当てもなくN市に降りて，近くの警察に駆け込み相談しました。そこからN市の福祉事務所を紹介され，福祉事務所のソーシャルワーカーに付き添われ市内の母子生活支援施設に来ました。今でも夫が追いかけてくるのではないかと不安でいっぱいです。

　福祉事務所のソーシャルワーカーに付き添われ，一時保護受け入れの面接を行っています。ワーカーはM母子支援員です。クライエントは，娘を保育士に預け，面接に臨みました。

└──────────────────────────────────────

1．事例の模擬面接を行いましょう。面接において決められた手順はありませんが，一つの例として次のような手順が考えられます。①あいさつと自己紹介，この施設とワーカーの説明をします。②今までの状況について聴きます（過去の出来事について）。③現在の気持ちや考えを聴きます（現在の気持ちについて）。④これからどうしたいかを聴きます（将来について）。⑤面接内容を確認して，援助契約を結びます。ワーカー役とクライエント役を決め，②から④まで，ワーカー役がクライエント役に聴いて，クライエント役が答える場面の面接練習を行いましょう。

2．面接終了後，ワーカー役はワーカー役の振り返りシートに，クライエント役はクラ

イエント役の振り返りシートに記入しましょう。お互いの振り返りシート見せながら，フィードバックを行いましょう。

3．ワーカーとクライエントの役割を替え，面接練習，振り返りシート記入，フィードバックを行いましょう。

ワーカー役用振り返りシート
①心理的サポート（不安な気持ちを理解すること） [5 ＝よくできた　4 ＝できた　3 ＝まあまあ　2 ＝もう少し　1 ＝できなかった]
②状況理解（クライエントがおかれている状況を正確に理解すること） [5 ＝よくできた　4 ＝できた　3 ＝まあまあ　2 ＝もう少し　1 ＝できなかった]
③情報を得る（必要最小限の必要な情報を得ること） [5 ＝よくできた　4 ＝できた　3 ＝まあまあ　2 ＝もう少し　1 －できなかった]
④今後の方向性について（これからどうしていきたいかを理解すること） [5 ＝よくできた　4 ＝できた　3 ＝まあまあ　2 ＝もう少し　1 ＝できなかった]
●感想と反省点

クライエント役用振り返りシート
①心理的サポート（不安な気持ちを表出すること） [5 ＝よくできた　4 ＝できた　3 ＝まあまあ　2 ＝もう少し　1 ＝できなかった]
②状況理解（クライエントがおかれている状況を正確に理解すること） [5 ＝よくできた　4 ＝できた　3 ＝まあまあ　2 ＝もう少し　1 ＝できなかった]
③情報を得る（必要な情報を得ること） [5 ＝よくできた　4 ＝できた　3 ＝まあまあ　2 ＝もう少し　1 ＝できなかった]
④今後の方向性について（これからどうしていきたいかを理解すること） [5 ＝よくできた　4 ＝できた　3 ＝まあまあ　2 ＝もう少し　1 ＝できなかった]
●感想

4 解説とまとめ

インテーク面接においてソーシャルワーカーが達成すべきポイントは4つあります。[^(2)]

第1は，クライエントを心理的にサポートすることです。クライエントが面接を終えた時に，「癒された」「私のことを受け入れてくれた」「希望が見えてきた」と思えることです。インテーク面接は，クライエントがいちばん最初にその相談機関と出会う機会です。人は誰かと初めて話をする時，緊張することが多いです。ましてや心配な事がある時は，より緊張しています。「言いたいことをうまく伝えられるだろうか」「ちゃんと私の話を聞いてくれるのだろうか」「この人に話をしたら何かが好転するのだろうか」など，クライエントの胸の中には，多くの不安があります。そのような場合，クライエントの不安な気持ちを理解して，支援することが重要です。

第2は，クライエントがおかれている状況を，少しでも正確に理解することです。これは，クライエントを理解したいというソーシャルワーカーの思いが，面接でのクライエントとのやりとりを通じて表現され，クライエントに伝わることで初めて可能となります。私たちは会話の中で，事実，感情，類推といったことを表現していきます。それらを明確に理解し，不明確な時には明確に作業を行う必要が出てきます。これが達成されれば，クライエントは自分を理解してもらえた，という安堵感を持つことができます。

第3は，必要最小限の重要な情報を得ることです。インテーク面接では，すべての情報を手に入れようとすることよりも，基本的なことを押さえることを目指した方がよいでしょう。具体的には，「何で困っているのか」「何を必要としているのか」「今まで，どうやってこの問題に対処してきたのか」などです。

第4は，今後の方向性をクライエントとソーシャルワーカーが，共通に理解しておくことです。すなわち，インテーク面接終了時に，これからどうなっていくのかをクライエントが理解できるようにしておくことです。このことが明確でなければ，クライエントは「せっかく相談をしたのに，大丈夫なのだろうか」という不安や，「ソーシャルワーカーに話したからすべて事はうまく運ぶだろう」といった思い込みが生じることがあります。

注
(1) 山辺朗子『個人とのソーシャルワーク』(ワークブック社会福祉援助技術演習②) ミネルヴァ書房，2011年，79頁。
(2) 渡部律子『高齢者援助における相談面接の理論と実際 第2版』医歯薬出版，2011年，79-80頁。

3 アセスメント——児童家庭支援における展開②

1 ね ら い

　本節では，母子生活支援施設でのケースを通して，ソーシャルワークの展開過程における「アセスメント」の段階について学びます。

　集められた情報から，ストレングスとなることと，課題となることを分析し，クライエントの希望する生活と支援の方向性について考えることを目指します。

2 ワ ー ク

1．前節で取り上げた「事例の概要」からジェノグラムを描いてみましょう。

利用者名 （イニシャル）	T・Y様			性別 男・女	生年月日 19○○年6月1日 （31歳）
家族状況	氏　名 （イニシャル）	続柄	年齢	職業 就学	［ジェノグラム］
	M・Y	夫	32	会社員	
	T・Y	妻	31	主婦	
	Y・Y	娘	5	園児	
	家族関係	夫からDVを受け，娘と一緒に見知らぬ土地に逃げてきた。現在はN市の母子生活支援施設に娘と入所している。娘は父から直接暴力は受けていないが，父が母に暴言や暴力を振るっているのを見ておびえていた。			

┌─ 援助の経過 ───
│
│　　母Ｔ子と娘Ｙ美は，一時保護となり母子生活支援施設の生活が始まりました。施設に来て夫
│　と離れることができ，安堵の表情を見せますが，２人とも今までの心労のせいか憔悴している
│　ように見えました。
│　　一時保護から入所に切り替わり，Ｍ母子支援員がＴ子Ｙ美の担当になりました。一時保護の
│　頃から，窓口となっていたＭ母子支援員が担当になったことで，Ｔ子は安心することができま
│　した。Ｍ母子支援員はＴ子母子の今後の支援に向けて，アセスメントを行いました。
│　　アセスメントを行うにあたって，Ｍ母子支援員はＴ子の今までの苦労をねぎらい，「子ども
│　を守るために，よく耐え抜きましたね」と優しい言葉をかけながら，施設の説明を行いました。
│　また守秘義務が守られ，施設にいることは夫にわからないこと，職員がいつでも相談にのれる
│　ことを伝えました。
│　　アセスメントでは，夫からの暴力に対して何もできなかったことに自分の無力さを感じてい
│　る。今でも夫が連れ戻しに来ないか不安である。貯金はほとんどなく，実家からの援助は期待
│　できない。娘と二人で安心して暮らしたい。自分のことよりも娘が幸せになって欲しい。娘は
│　再来年に小学校へ入学するので，それまでに仕事と住む場所を見つけ，安心して娘が学校に通
│　えるようにしたい。と自身の思いを話されました。
└───

2．以下の「援助の経過」を読み，母Ｔ子さんの願いや意向，解決したいことを挙げま
しょう。

┌───┐
│   │
│   │
│   │
│   │
│   │
│   │
│   │
└───┘

3．母Ｔ子さんの生活状況およびＴ子さんを取り巻く環境を，具体的に３つの状況（バ
イオ，サイコ，ソーシャル）に分けて記述しましょう。その際，課題となることと，スト
レングスとなることに分類しましょう。

【バイオ】生理的・身体的機能（健康状態や能力など）	
課　　題	
ストレングス	

【サイコ】精神的・心理的状態（心理状態や意欲，意志の強さ，嗜好，生活の満足度
　　　　　　など）

課　　　題	
ストレングス	

【ソーシャル】社会環境状態（家族友人・近隣などの関係，社会参加，社会性，住環
　　　　　　境，就労状況，収入，社会資源）

課　　　題	
ストレングス	

4．前述の「2.」「3.」において，アセスメントを整理しました。次に，アセスメントを分析し，問題となっていること，もしくは改善や取り組みが必要と思われることを記述しましょう。

136

3　解説とまとめ

　アセスメント段階では，情報収集と収集された情報の分析を行います。情報収集では，クライエントがおかれている状況を充分に理解するために，クライエントから多くの情報を得ることになります。その時に重要なことは，この情報収集が「単なる質問責め」の面談にならないようにすることです。もし，ソーシャルワーカーがクライエントに事務的，機械的質問をし，相手を理解しないまま，何らかの対応策を指示したなら，クライエントはさらに打ちのめされてしまうかもしれません。「自分のおかれている状況を理解しようとしてくれた」「自分を尊重してくれた」という経験は，クライエントにとって何をおいても大切になることを忘れてはなりません。

　アセスメント分析では，集められた情報を整理し，クライエントが抱える問題とは何であるかを明確にしていきます。集められた情報を整理していくなかで，このケースで解決しなければならない問題はどこにあるのか，どのような形で問題が存在しているのか分析していくことが必要となります。なお，アセスメント分析を行うときに活用できるツールとして，家族状況をわかりやすく視覚化したジェノグラム，クライエントを取り巻く環境を視覚化したエコマップがあります。エコマップは，アセスメント時のエコマップと，終結時のエコマップを比較することで，支援の効果を見ることができます。

　本節で扱った事例において，クライエントの情報を整理し，課題を確定した一つの例を紹介します。

　　例：①　DV被害の期間が長く，見知らぬ土地に来て，孤独感を感じている。

　　　　②　入所以前から仕事に就いておらず，経済的にも不安を感じている。

　　　　③　夫が連れ戻しに来ないか不安である。安心・安全な場所で暮らしたい。

注
(1)　渡部律子『高齢者援助における相談面接の理論と実際　第2版』医歯薬出版，2011年，83頁。
(2)　同前。

参考文献
山辺朗子『個人とのソーシャルワーク』（ワークブック社会福祉援助技術演習②）ミネルヴァ書房，2011年。
中川千恵美・峯本佳世子・大野まどか編『事例中心で学ぶ相談援助演習』みらい，2010年。

4 プランニング――児童家庭支援における展開③

1 ね ら い

　本節では，母子生活支援施設でのケースを通して，ソーシャルワークの展開過程における「プランニング」について学びます。

　プランニングは，アセスメント分析によって確定した課題に基づいて，解決すべき優先順位をつけます。優先順位をつけた課題について支援目標（短期目標）を設定し，目標ごとに具体的な活動を計画します。

2 ワ ー ク

1．前節（前頁）で挙げたクライエントの課題を短期目標に変えてみましょう。

課題①「DV被害の期間が長く，見知らぬ土地に来て，孤独感を感じている。」

⇩

> 短期目標①

課題②「入所以前から仕事に就いておらず，経済的にも不安を感じている。」

⇩

> 短期目標②

課題③「夫が連れ戻しに来ないか不安である。安心・安全な場所で暮らしたい。」

⇩

短期目標③

2．3つの短期目標について，優先順位を決めましょう。また，その理由も記述しましょう。

優先順位1　―　短期目標（　　）

優先順位2　―　短期目標（　　）

優先順位3　―　短期目標（　　）

--- 理　　由 ---

--- 援助の経過 ---

　T子さん母子は，夫からの身体的，精神的な苦痛にさらされ，DV被害に遭っていました。M母子支援員は，まず2人に施設が安心・安全な場所であり，その支援者がいるということを実感してもらうのが重要であると考えました。そしてDV被害の期間が長く，見知らぬ土地に来て，孤独感を感じているT子さんには，心のケアと他者とのつながりをもって，自己肯定感を回復する支援も大切であると考えました。Y美には，父親の母親に対する暴力を目のあたりにしていたことに鑑み，心のケアと人との信頼感の確立を促す支援の目標を立てました。また，T子さんは入所以前から仕事に就いておらず，経済的にも不安を抱えていたので，安定した生活を送ることができる支援も必要であると考えました。

3．優先順位順に，短期目標とそれぞれ短期目標に向けた具体的な活動を，支援計画シート（次頁）に記入しましょう。

4．演習グループにおいて意見を出し合い，お互いに確認し合いましょう。

支援計画シート　　　　　　　　　　　　　　　　　　作成年月日20XX 年 5 月 1 日

希望する生活	娘と二人で安心して暮らしたい
長期目標	経済的にも安定し，娘と二人で安心して暮らす
短期目標	具体的な活動
①	
②	
③	

3　解説とまとめ

　プランニングは，実際に支援内容を決定する大切な段階です。アセスメント分析によって確定した課題を再度確認して，対処すべき優先順位を決めます。優先順位を決めたそれぞれの課題について，目標を設定します。この目標は，「課題が解決された状態」であるように表現されなければなりません。例えば，「不安で眠れない」という課題の場合，「不安が解消しよく眠れる」と目標を設定することができます。

　次に，それぞれの目標について具体的に何をするのかを取り決めます。これが計画となります。計画は５Ｗ１Ｈを用いて，when「いつ（までに），いつ（頻度を含む）」，where「どこで」，who「誰が（誰と）」，why「どんな目的で」，what「何を」，how「どのように」するのかを具体的に決めます。

　プランニングを考える際の一つの方法を理解するために，参考例を紹介します。「DV被害の期間が長く，見知らぬ土地に来て，孤独感を感じている」という課題から「心のケアと他者とのつながりをもって，孤独感を軽減する」という目標が考えられます。

　次に，この目標を達成させるためには，例えば，「３カ月を目処に」「１週間に１度」「施設の相談室で」「ワーカーがT子と」「孤独感を軽減するために」「面接を通してDVについての思いや見知らぬ土地に来てからの孤独感について」を「具体的に話し合う」などを決めます。プランニングは，抽象的になってしまわないように注意し，クライエントがイメージでき，すぐにでもその計画に基づき支援の実施が始められるようなものが必要です。そのためには，目標設定，計画においてもクライエントにできる限り参加してもらい，支援計画の立案をすることが望ましいです。

参考文献
山辺朗子『個人とのソーシャルワーク』（ワークブック社会福祉援助技術演習②）ミネルヴァ書房，2011年。

5 グループワークの準備期
——高齢者支援における展開①

1 ねらい

　本節では，事例を通してグループワークの準備期を学びます。この時期のワーカーは，どのような点に留意しながら実践すべきでしょうか。第2章で学んだグループワークの技法をふまえ，ワーカーの実践を具体的にイメージしつつ学びを深めましょう。

2 概　念

　第2章で学んだ通りグループワークは，準備期・開始期・作業期・終結期のステップで展開します。ここではその概要を復習します。

　第2章7節で「準備期はグループを計画し，開始前にメンバーと予備接触をして波長を合わせるまで」を指し，この「波長合わせ」は「予備的感情移入とも呼び，メンバーがどのような思いや感情を持って，グループに参加するのか，どのようなニーズを持っているのかなどを予め知っておくこと」，また「併せて，ワーカーも自己覚知によって自分の感情や価値観を振り返っておくことが大切」と学びました。

　開始期は「初回にメンバー同士が出会い，これからグループを実施していくための契約を行う場面まをでいい」，ここで行われる「契約」は「グループワークの目的，参加しているメンバーについて，ワーカーの役割について今後の流れと約束事などを民主的に確認すること」と学びました。

　第2章8節で作業期は，「様々な活動を通して，グループの中に相互援助システムが活用されるようになること」を目標とすること，また，「メンバーはお互いの共通性を認識することから集団としてのまとまり」が生まれ，「同時に異質性や意見の対立などの葛藤も生じる時期である」ので，ワーカーは，「グループダイナミクスを把握しながら，グループの成長と同時にメンバー一人ひとりが自分の課題への気づきと解決に向けた考察ができるよう働きかけることが求められる」ということを学びました。

　もう1つ重要な概念に，「凝集性」があります。これは「われわれ意識」ともいわれ，「開始期からワーカーは凝集性を促進し仲間意識が生まれるよう働きかけ」ることで「作業期では凝集性がさらに高まり」「『グループ規範』つまりメンバーに求められる行

動や態度が方向づけられます」。この「凝集性の高まりは相互援助システムを支える力になる一方で，抵抗感や不信感も出現しグループの危機的状況となる恐れもあります」。そのため「ワーカーはメンバー自身がその危機を乗り越えグループとメンバー個人の成長を目指し側面的に援助」するということを学びました。終結期では「メンバーの複雑な感情を受容し」，グループの経験から学んだことを振り返り，次の段階へ移行できるよう支援することや，「グループワークの評価も重要な技術」となることを学びました。

3　ワーク

まず，次の事例を読みましょう。

--- 事　例 ---

　高齢者デイサービスセンターのOソーシャルワーカー（以下，Oワーカー）は，最近利用者にあまり活気がないことが気になっていました。センターでレクリエーションは行っていますが単発であり，皆で，継続して何かに取り組むということはしていません。またレクリエーションの進行は職員が行い，利用者が役割を担うということはあまりありません。そんな中，何人かの利用者との会話から，「主体的で，充実した日々を送りたい」「人とかかわりたい」という旨のニーズ（課題）が見えてきました。Oワーカーは日頃から何かに打ち込んだり，仲間と交流し，楽しみ，支え合い，活気ある毎日を過ごすことは生活の質（QOL）の向上に繋がると考えていました。そしてこれらの課題はグループワークを通して解決できるのではないかと考えました。

　早速Oワーカーは，グループワークの計画案を作成するとともに，何人かの利用者に声をかけました。また，参加希望者との面談を通して，彼らのニーズを把握するとともに，波長合わせをしました。こうしてグループメンバー（以下，メンバー）が決まりました。

　Oワーカーはメンバーの顔ぶれをみて，人形劇をプログラム活動として取り入れることにしました。それは以前，ボランティア団体がセンターで人形劇を上演した際，多くの利用者が興味を示したことや，車いすを使用している人でも無理なく参加できること，女性は今でも裁縫ができる人が多く，自分達で人形を作る際に活かせると思ったなどの理由からでした。またグループワークの参加形態は，人形劇のストーリー作りから上演まで，すべてメンバーで行うこととしため，自由に出入りができる開放（オープン）グループではなく，最後まで同じメンバーで行う固定（クローズ）グループとしました。

　またOワーカーは，このグループワークを一人で進めることは，難しいと感じていました。そのため介護職員をはじめ，他のスタッフにも協力を呼びかけました。「人形劇やるんですか。面白そうですね。自分，協力しますよ。」「人形から作るんですか。私，手先が器用だから，お手伝いしますよ。」忙しい業務の中，どれだけのスタッフが理解を示してくれるか当初Oワーカーは不安でしたが，思っていた以上の好反響で，協力してくれるスタッフも数名決まりました。

　またOワーカーは，今後起こりそうなことも，予測しました。「Aさんは，裁縫が得意といっていたから，人形作りの時は中心的な立場になりそうだな。」「FさんとGさんの仲は，あまりよくないから，少し距離を置いた方がいいな。」「Kさんは，認知機能が低下してきているか

ら，色々と配慮しないといけないな。」このように予測しておくことで，良くないことが起こらないように予防したり，事がおこった際には，冷静に対応できる，一助となるのです。

　そしてOワーカーは，フェイスシートや個人記録表，グループワーク議事録（グループ用記録用紙）といった，グループワークで用いる記録用紙の準備もしました。用紙をファイルに綴じながら，Oワーカーはこのグループワークを通して，人形劇の成功とともに，メンバーのQOLが向上することを，願っていました。

1．あなたが高齢者のプログラム活動を考えるとしたら，どのようなものを選びますか。

2．Oワーカーはメンバーを集める際，個別に声をかけました。他にはどのような集め方があるでしょうか。

3．あなたがメンバーを集める際に個別面談を行うとしたら，具体的にどのような情報を集めるでしょうか。

4　解説とまとめ

　グループワークはプログラム活動を介しての援助方法ですが，プログラム活動を選ぶ際にはどのような視点が必要でしょうか。岩間はプログラム分析として，①言語性（メンバーがプログラムに参加するにあたって，どの程度の言語性（言葉のやりとり）を必要とするか），②身体性（メンバーがプログラムに参加するにあたって，どの程度の身体機能を必要とするか），③報酬性（プログラムに参加したメンバーへの報酬（満足感等も含む）が個人に還元さ

表3-1　プログラム素材

ディスカッション	レクリエーション
★自由討議★バズセッション★自己紹介★シンポジウム★パネルディスカッション★対立討議★コロッキー★レクチャー・フォーラム　など	★ゲーム★ハイキング★紙芝居★オリエンテーリング★軽スポーツ★キャンプファイヤー★水あそび★パーティ★野外料理★昆虫・植物採集★天体観測★ソング　など

注：大塚達雄ら編著『グループワーク論』ミネルヴァ書房，1986年，80頁を基に筆者作成。

れるものか，グループ全体に還元されるものか），④協力性（メンバーがプログラムを遂行するにあたって，どの程度メンバー間の協力が必要となるか），⑤拘束性（メンバーがプログラムに参加するにあたって，どの程度一定のルール等に従うことが必要となるか），⑥多様性（一つのプログラムに参加する際，参加の仕方にどの程度の多様性があるか）の6つの視点を示しています[1]。またプログラム素材は，ディスカッションとレクリエーションの2つにわけられます（表3-1）。

　施設などで行われるグループワークは類似したニーズを抱えた人を対象としやすく，ワーカーが事前に彼らのニーズを把握していれば，似たニーズをもつ人々に，個別に声をかけることができます。これ以外にはポスターやチラシ，パンフレット，ニュースレターなどで公募する方法や，同僚や関連する職種からグループワークのメンバーに該当すると思われる人を紹介してもらう方法などがあります。

　ワーカーは準備期に（予備）面談を行いメンバーに関する情報を集めます。具体的には，氏名，年齢，興味，関心，趣味，特技，生活歴（職歴・病歴），不安，心配事などを把握します。そうすることで，彼らのニーズを把握すると共に，波長合わせに役立ちます。またグループワーク活動を記録しておくことで，客観的に活動を分析できます。記録用紙はメンバー個々のフェイスシートや記録用紙と，グループワーク議事録（グループ用記録用紙）があります。そして，ワーカーが所属する機関に対してグループワークの目的などの説明をした上で協力を仰ぎ，時間や場所，備品などの確保もしておきます。

注

(1)　岩間伸之『グループワーク』ミネルヴァ書房，2004年，42-43頁。

参考文献

相澤譲治監修『ソーシャルワークの理論と方法Ⅱ』みらい，2010年。
川村隆彦『事例と演習を通して学ぶソーシャルワーク』中央法規出版，2003年。
社会福祉士養成講座編集委員会編『相談援助の理論と方法Ⅱ』中央法規出版，2009年。
白澤政和編著『ソーシャルワークの理論と方法Ⅰ』ミネルヴァ書房，2010年。
保田井進ら編著『福祉グループワークの理論と実際』ミネルヴァ書房，1999年。
柳澤孝主ら編『相談援助の理論と方法Ⅱ　第2版』弘文堂，2014年。

6 グループワークの開始期
——高齢者支援における展開②

1 ねらい

　本節では事例を通して，グループワークの開始期についての学びを深めます。開始期はメンバーが初めて出会ってから，グループが，動き出すまでの時期を言います。初めての出会いの場面でメンバーは，不安や緊張・恐れを抱きながら集まってくるかもしれません。このようなメンバーに対して，ワーカーはどのように対応すべきでしょうか。またワーカーはこの時期，どのようなことに留意すべきでしょうか。第2章で学んだグループワークの技法を踏まえ，ワーカーの実践を具体的にイメージしつつ，学びを深めましょう。

2 ワーク

　まず，次の事例を読みましょう。

　事　例

　月曜日の午後，センター内の一室に，初めてメンバーが顔を揃えました。その少し前に，Ｏワーカーは部屋に入り，落ち着いた雰囲気のBGMを流して，メンバーが来るのを待っていました。また，部屋には机を置かず，メンバーとＯワーカーは，輪になって座りました。
　「皆さん，お集り頂き，有難うございます。」
　メンバー一人ひとりの顔を見ながら挨拶した後，Ｏワーカーはこのグループの目標と目的を改めて伝えました。それは今年のクリスマス会に人形劇を上演する，そして準備の期間を通してメンバーそれぞれが交流を持ち，楽しみ，支え合い，活気ある毎日を過ごそうという目標でした。これは，人形劇の成功というグループの目標と，QOLの向上という個人の目標の二重の目標を意識しての発言でした。
　また，いくつかのルールも決めました。活動は月曜日と金曜日の午後とする，お互いに尊重し協力し合う，体調不調などやむを得ない理由以外は必ず出席する，楽しみつつも自分の役割は全うするなど，事前にＯワーカーが考えてきた内容に対して皆頷き，了承しました。
　「それではここで，自己紹介をしてもらいます。」
　ある程度の説明や確認事項が終わると，Ｏワーカーはそう言って，メンバーに自己紹介を促しました。しかし，多くのメンバーがこれまで深いかかわりがなく，不安や緊張もあってか，各自の名前を言うとすぐに，「宜しくお願いします」で終わってしまいました。しかし，Ｏ

ワーカーは自己紹介が淡泊に終わってしまうだろうと事前に，想定していました。そこで大きな箱を持ってきて，こう言いました。

　「これから私たちが取り組む人形劇は昔からあるものですね。古くは人形浄瑠璃があり，皆さんが若かりし頃には人形が冒険する物語のテレビ番組もありましたよね。でも今はあまり人形劇を見かけないかもしれません。人形劇だけではなく昔はよく見たのに最近はあまりみかけない物がありますよね。今日はそんな物を用意してきました。」

　そう言うとОワーカーは，炭アイロン，氷嚢，煙管，アルマイト製の弁当箱，お櫃，豚の蚊取り器，桶，洗濯板を箱から取り出しました。

　「あらまぁ，懐かしい。」「こういう煙管を親父が使っていたなぁ。」

　軽度の認知症のКさんは，桶と洗濯板を使って上手に手を動かし，洗濯をするまねをしました。Кさんの見事な手捌きを見たМさんは，思わず，「昔とった杵柄とはまさにこのこと」と感嘆しました。先程の自己紹介とは打って変わり，メンバーはそれぞれ物を手に取りながら，昔話に花が咲き，自然とメンバー間の会話が生まれていました。これにより，各メンバーの不安や緊張は，大分和らぎました。

　「それでは最後に，私たちのグループ名を決めましょう。」

　そう言ったОワーカーの発案を受け，メンバーは各々考え，色々な意見が出ました。

　「私達は皆昭和生まれだから，『昭和』っていうのはどうでしょう？」

　「俺達年寄りばかりだから，『おじいおばあ』ってどうだ？」

　「嫌ですよぉ，そんな年寄りじみた名前は。もっと，若々しいのが，いいですよぉ。」

　笑いの中にも活発な意見交換がされ，最終的にはТさんの案で"カラーズ"となりました。それはメンバーそれぞれが色（color）を持っているという理由からでした。そんなグループ名が決まるまで，Оワーカーはメンバーの発言に耳を傾け共感の姿勢を示していました。

1．初めてメンバーが顔をあわせた部屋では，皆が輪になって話しをしました。Оワーカーは，なぜそうしたのか考えてみましょう。

2．Ｏワーカーは，アイスブレイキングに昔の物を使って，メンバーの緊張を解きほぐしました。あなたはアイスブレイキングにどのようなことをするでしょうか？　様々な対象者（グループ）ごとに，準備・使用する物も含めて考えてみましょう。

対象者（グループ）	アイスブレイキングの内容	準備・使用する物

3．Ｏワーカーは会話の中で「私たち」という言葉を使いました。その意図は何か，考えてみましょう。

解説とまとめ

　皆さんが現在の学校に入学し，初めて出席した授業を思い出してみましょう。どんな先生が担当するの？　どんな仲間がいるの？　どんなことを学ぶの？　そんな不安や緊張を抱いた人は少なくなかったのではないでしょうか。メンバーが初めて顔を合わせるという時，Ｏワーカーは落ち着いた雰囲気のBGMを流したり，輪になって座ってもらうことで互いが見える環境を設定し，不安や緊張を緩和させようとしました。またＯワーカー自身も輪の中に入り，受容・傾聴・共感の姿勢を示し，メンバーとの信頼関係を築こうと努めました。

　またＯワーカーはメンバーにグループの目的を説明し，ルールを決め，メンバーはこれらに同意しました。これはＯワーカーとメンバーの間で契約が結ばれたことを意味します。そもそも契約とは対等な関係で結ばれるものであり，一方的に押し付けられるものではありません。そのため，もしＯワーカーの説明にメンバーから意見がでれば，それを組み入れて話が進められたでしょう。各人が納得した上で契約が結ばれることで，メンバーは同じ目的意識を確認し，各自が主体的に参加して，自らの役割を意識するようになるのです。

　開始期ではレクリエーションやゲーム，自己紹介などのアイスブレイキングを通して，メンバーの緊張を解きほぐします。Ｏワーカーは昔の物を活用しましたが，皆さんも得意とするアイスブレイキングを持つと良いでしょう。その後ワーカーを媒介にして徐々にメンバー間のかかわりを促します。そしてメンバー同士の仲間意識の促進と，信頼関係の構築を図っていきます。その際ワーカーは，「私は」や，「あなたたちは」といった言葉を使うのではなく，「私たち」といった一人称複数形の言葉を使うことで，ワーカーを含めた仲間全体を，意識化させます。それは，メンバー全員でグループ名を決めたことにも通じます。そうすることでグループがまとまり，グループの主体性・同一性（グループ・アイデンティティ）が生まれるのです。

参考文献
相澤譲治監修『ソーシャルワークの理論と方法Ⅱ』みらい，2010年。
岩間伸之『グループワーク』ミネルヴァ書房，2004年。
川村隆彦『事例と演習を通して学ぶソーシャルワーク』中央法規出版，2003年。
川村隆彦『グループワークの実際』相川書房，2004年。
社会福祉士養成講座編集委員会編『相談援助の理論と方法Ⅱ』中央法規出版，2009年。
白澤政和ら編著『ソーシャルワークの理論と方法Ⅰ』ミネルヴァ書房，2010年。
保田井進ら編著『福祉グループワークの理論と実際』ミネルヴァ書房，1999年。
柳澤孝主ら編『相談援助の理論と方法Ⅱ　第2版』弘文堂，2014年。

7

グループワークの作業期・終結期
―――高齢者支援における展開③

1 ねらい

　ここでは事例を通して，グループワークの作業期から終結期についての学びを深めます。

　作業期はグループ全体が調和し，協働（コラボレーション）して，各メンバーとグループ全体の問題や課題の解決を目指して，プログラム活動が進められます。また終結期ではワーカーとメンバーがこれまでの活動経験を共に追想・回顧し，次の生活に移行していきます。それぞれの時期においてワーカーはどのようなことに留意して実践すべきでしょうか。

　第2章で学んだグループワークの技法を踏まえ，これらワーカーの実践を具体的にイメージしつつ学びを深めましょう。

2 ワーク

　まず，以下の第6節の事例の続きをみましょう。

> ── 事　例 ──
>
> 　開始期を過ぎ，カラーズのグループワークは，順調に展開していきました。活動開始当初からOワーカーは，ストーリーや配役などは，なるべくメンバーの意向を尊重しました。また，メンバー自身で人形を作り，セリフを考えるよう促しました。
>
> 　ある日，皆で人形を作っている最中，若かった頃の家庭の話になりました。その中でUさんが，「ウチの夫は仕事一筋の人で，なかなか家を顧みない人でした。しかもウチは本家だったから，私がしっかりしなきゃっていう気持ちが強かったけど，家のことで頼れる人がいなかったわ」と言いました。それに対してSさんが「昔の男の人って，そういう人が多かったわね。ウチの夫も似たような感じでしたよ。しかもウチは姑と一緒に住んでいたんですけど，私とちょくちょくいざこざがあってねぇ。よく言う嫁姑問題ですよ。でも幸いなことに近所に気の合う奥さんがいて，よく愚痴を聞いてもらったわ」と言いました。それを傍で聞いていたOワーカーは，「○△□」と言いました。するとUさんとSさんは大きく頷き合い，若かった頃の苦労話に花が咲きました。それがグループ全体に広まり会話が弾みました。そこでは互いの存在を受け入れ，互いを労う雰囲気が醸し出されていました。それを見たOワーカーは，「皆さん

色んなことを経験されてきましたが，今こうして楽しく活動ができて何よりですね。」と皆に語りかけると，その場が全員の笑顔と笑い声で包まれました。

　10月に入りEさんが体調を崩し入院したため，暫くセンターを休むとの連絡が家族からありました。全員がEさんの体調を心配したとともに，Eさんが担当するセリフをどうするかという話が出ました。「Eさんのセリフが一番多いじゃないですか。これから暫く練習を休まれるとなると他の人と代わった方がいいんじゃないですか？」時々活動を手伝う介護職員からのセリフが発端でした。しかしメンバーは，Eさんの代役を決めようとはしませんでした。「Oワーカー，Eさんが復帰するまで，発表は待ちましょうよ。何ならクリスマスじゃなくて節分の頃でもいいんじゃない？」そんな意見も出ました。勿論Oワーカーは，メンバーの意見を尊重しました。と言うよりも，この頃のOワーカーの役割は，初期段階の積極的（指導的）支援ではなく，主体的に動くメンバーの後方支援的役割へと変わっていました。

　幸いにもEさんは当初の予定より早く復帰することができました。「入院中もセリフを覚えてたから，ばっちりじゃ。」というEさんに対して，メンバーはEさんがセリフを覚えていたということよりも，Eさんと再び活動できることへの喜びの方が，大きかったのでした。

　いよいよクリスマス会当日。メンバーは，楽しみと緊張を抱いて，通所してきました。会には，メンバー以外のデイサービス利用者をはじめ，利用者の家族や職員など，多くの人々が集いました。

　「次はお待ちかね，カラーズの皆さんによる人形劇です！」司会者の発声と共に手作りの幕が開き，いよいよ人形劇が始まりました。メンバーが作った人形をメンバーが操り，メンバーが考えたセリフをメンバーが言いました。途中セリフを間違える場面がありましたが大事には至らず，気がつけば大きな拍手の中で劇は終了しました。

- -

　人形劇発表の数日後，これまでのグループワークの振り返りが行われました。そこでは当初の目標であった劇の成功と，メンバーそれぞれが交流を持ち，楽しみ，支え合い，活気ある毎日を過ごせたかということの確認を中心に行われました。メンバーからは，「無事に成功して良かった」「決して順調だったとは言えないが，自分達の努力が報われた」「準備している間にこれまで喋らなかった人と関われて新たな友人ができた」「まだ続けていたかった」などの意見が出ました。これらを受け，Oワーカーは次のようにメンバーに語りました。

　「皆さん，本当にお疲れ様でした。決して順風満帆に進みませんでしたが，その分達成感は大きいと思います。また当初立てた人形劇の成功と，準備中に皆さんそれぞれが交流し，楽しみ，支え合い，活気ある毎日を過ごすという，二重の目標も達成されたようですね。今回の経験を，ぜひこれからの生活に繋げていってほしいと思います。これでこのグループは解散しますが，今後必要があれば，別のかたちで，グループワークを再開することもあるかと思いますよ。」

　そして，メンバーとOワーカーは，笑顔と大きな拍手を互いに送り合いました。それは，メンバーとOワーカーが，同じ感情を分かち合った証明でもありました。

1．なぜOワーカーは，ストーリーや配役など，初期の段階からなるべくメンバーの意
向を尊重したのだと思いますか。

```



```

2．Oワーカーが発したセリフ「○△□」を，UさんとSさんの共通点と相違点に着目
して考えてみましょう。

```



```

3．事例の中で，グループの凝集性が高まっていると思われる箇所は，どこでしょうか。

```



```

4．あなたがOワーカーだったら，人形劇の終了後，どのようなことを目的に話し合い
の場を設けますか。

```



```

---

3 **解説とまとめ**

　作業期においてワーカーはメンバーがプログラム活動に参加したいという気持ち（意
欲）を高めることを意識する必要があります。参加意欲が高まることでメンバーは主体
的に活動に参加し，仲間意識（われわれ意識）が高められます。Oワーカーがメンバー

の意向を尊重したのは，メンバー自ら役割を担い相互に協力し合いながら，自分達の課題に自ら取り組むことを意図したからでした。そうすることで，メンバー間のコミュニケーションや感情の交流が増えていきます。それが，相互援助システムへと繋がっていくのです。

　グループワークでは，相互援助システムの形成と活用が求められます。そのためにワーカーは，メンバー同士の共通点と相違点を意識化します。そうすることでメンバーが互いの存在を認め，互いを個別化するようになります。この個別化は，メンバー個々の課題や問題を含めたものであり，それらを信頼関係の下にメンバー間で受容・共有・分かち合うことで，自分の課題解決に向けての考えをも深めることになります。このように，一人では達成することが難しい課題を，集団力学（グループダイナミクス）を用いて解決を図ろうとする点は，グループワークの大きな特徴と言えるでしょう。

　グループダイナミクスの概念の中に，「グループの凝集性」があります。凝集とは，「まとまり」という意味で，グループの一員としてメンバーを結び留めるように働く力のことです。Eさんが入院した際，メンバーは，人形劇発表の時期を遅らせようとしました。これは，Eさんの尊厳を守るとともに，かけがえのないメンバーであるという意識が，グループ全体にあったからです。このグループの凝集性を高める要因としては，グループの活動内容やグループを構成する人々の人間関係，グループがもつ威信をあげることができます。[1]

　Oワーカー達のグループワークは，人形劇の発表をもって，終結期を迎えました。終結期では，これまでのグループワーク活動を振り返り，その意義や，当初立てた目標の確認をしました。また，メンバー同士で気持ちを分かち合い，共有しました。そして，グループワーク終了後の生活場面への移行を確認したのでした。

注

(1)　原田純治編著『社会心理学——対人行動の理解』ブレーン出版，1999年，152頁。

参考文献

相澤譲治監修『ソーシャルワークの理論と方法Ⅱ』みらい，2010年。

岩間伸之『グループワーク』ミネルヴァ書房，2004年。

川村隆彦『事例と演習を通して学ぶソーシャルワーク』中央法規出版，2003年。

川村隆彦『グループワークの実際』相川書房，2004年。

社会福祉士養成講座編集委員会編『相談援助の理論と方法Ⅱ』中央法規出版，2009年。

白澤政和ら編著『ソーシャルワークの理論と方法Ⅰ』ミネルヴァ書房，2010年。

保田井進ら編著『福祉グループワークの理論と実際』ミネルヴァ書房，1999年。

柳澤孝主ら編『相談援助の理論と方法Ⅱ　第2版』弘文堂，2014年。

8 問題の発見とニーズの把握
——地域を基盤としたソーシャルワークの展開①

1 ね ら い

　本節，また第9・10節では，第1・2章で学んだ地域（コミュニティ）に関する基礎的な知識，また地域課題の発見とその解決，問題の軽減に向けたアプローチ方法とソーシャルワーク実践について事例を用いてより実践的に理解を深めることを目的とします。本節では，地域（コミュニティ）における問題の発見と地域ニーズの把握について第1・2章での学習を踏まえて実践的な理解を深めます。事例に登場するソーシャルワーカーの立場で，どのようなソーシャルワーク技術と知識を活用すればよいのかを考察しながら事例を読み進めて下さい。

2 概 念

　社会福祉サービスを必要とする人の地域生活，地域における自立支援については，社会福祉事業法が制定された1951年から社会福祉法へと改正された2000年に至るまでに大きく変化してきました。正しくは，「変化」というよりむしろ「明確化」してきた，ということができます[1]。

　社会福祉法により，社会福祉実践は個人の尊厳と社会正義の実現を根底に，それらの人々の地域での自立生活を支援することを目的に，関係する医療関係者，保健関係者，また社会福祉関係者と地域住民との連携を図ることが求められるようになりました。

　施設入所者や入院患者への支援は，ケースワーク実践としての専門性が求められます。具体的には，ソーシャルワーク・プロセスにおける各過程で実践される面接技術，そこでの意図的なコミュニケーション技術と記録技術，また介入にあたっての実践モデル・アプローチ等，直接的な介入を通じてクライエントのエンパワメントを基盤とした支援の視点と実践が求められます。

　一方，地域での自立生活支援，また地域課題の解消に向けたソーシャルワーク実践を考えた場合は，施設入所者や入院患者への支援とは異なった実践が求められます。もちろん，すべてが異なるわけではなく，対象となる人や地域のエンパワメントやQOL（生活の質）の向上に働きかけること，またそのための対象者主体のアセスメントの重要

性等については共通性を有しています。そのうえで地域での自立生活支援，地域課題の解消等においては，サービス提供者の有機的な連携と組織化，地域住民等インフォーマルな社会資源の有効な活用と開発，地域性に応じたサービスの総合的なマネジメントが必要となってきます。ともすると，地域の中で埋もれてしまい，SOSすら発信できずにいる問題や"生きづらさ"を抱えた地域住民に対して，ソーシャルワーカーはアウトリーチ等の手法を用いて問題をキャッチします。その問題等に対して，関係するフォーマル，インフォーマルな社会資源の連携と組織化を図り，チームとしてアプローチできるようにします。必要に応じて新たな社会資源を開発し，地域におけるネットワーキングの形成を主体的に推進していくのもソーシャルワーカーの重要な役割であり，それらのネットワークは，地域における問題発生の予防的機能を有するものとなります。今後，一層求められる地域における自立生活支援の実現に向け，ソーシャルワーカーがその有する専門知識と技術を発揮することが期待されています。

3　ワーク

1．まず次の事例を読みましょう。

事　例

　A（25歳，男性）は2年前に地元にある福祉系大学を卒業しました。卒業と同時に取得した社会福祉士資格の専門性を活かし，地域課題の解決に貢献することを目標として，やはり地元Ⅰ市の社会福祉協議会へ就職しました。少しずつ仕事にも慣れ始め，これからは福祉活動専門員として生まれ育った地域により貢献したいという想いを胸に抱き，積極的に地域住民や関係機関とかかわりを図っていました。

　ある日，事業の一環で市内のある地域（人口600名程）の自治会行事に参加した際，顔を合わせた児童民生委員のBさんから次のような相談を受けました。

　「この地域には多くの高齢者が住んでいるが，お互いに顔を合わせたりする機会はなく，"交流"といえるような活動はほとんどない。また，一人暮らしの高齢者も多くいると考えられ，加えて何らかの介護の必要性や障害がある人も少なくない。しかしそのような人に対する近隣住民のかかわりは非常に希薄であるように思う。このままでは高齢者が安心して暮らすことができなくなるのではないだろうか。」

　Bさんは昔からこの地域に住んでおり，今の地域の状況を大変心配していました。「この地域は，昔は農業をやっていた家が多く，その時は互いに農作業を通じた助け合いや地域行事も盛んで…。でもそのような人たちも年を取り，農業を辞めてしまった。同時に農地を手放した。その跡地に建てられたアパートに他の地域から移り住んで来た人が多くなった。昔からこの地域に住んでいるものの，年をとった地元住民に対して，新しい他地域からの住民が半数以上となったことで住民関係の希薄化が顕著になってきた。」と話をするBさんの表情は，大変暗いものでした。Bさんからの地域に対する切実な思い（悩み）を聞いたAは，地域の実態を適切

に把握し，地域住民を支えるための受け皿，仕組みづくりに取り組まなければならないという強い思いと同時に地域に対する危機感を抱きました。

　Aは，地域の実態を知るために，試行的に数名の一人暮らし高齢者の家を訪問してみることにしました。しかし，事前に電話で訪問の約束をしようとするも，ほとんどの家で訪問を拒否されてしまいました。また何度か電話連絡を試みてみるものの，留守番電話となってしまい，結局お願いすらできない家もありました。

　この地域の自治会長さんを訪ね地域の実態と対策等について話を聞いてみましたが，怪訝そうな顔で「引き継ぎの際にはそのような問題には触れられてなかった。前の自治会長でないと詳しいことはわからない。地域の中で長く役員（児童民生委員）をしている人のほうが詳しいからそちらに聞いてほしい。」といったように，問題に対しては無関心の様子がうかがえました。

2．事例の中に出てきた「社会福祉協議会」「児童民生委員」という機関の機能についてグループ内で確認しましょう。

社会福祉協議会	
児童民生委員	

3．地域の実態を明らかにするために，調べるべき事柄を抽出し，グループメンバーで共有しましょう。

・地域の実態把握のために把握すべき事柄

4　解説とまとめ

　この事例の主人公であるA（25歳，男性）が所属する社会福祉協議会という社会資源の機能については，以下のように説明することができます。

　「社会福祉協議会には，福祉活動専門員，ボランティアコーディネーター，地域福祉コーディネーターといった職員がおり，それぞれが地域社会における人々の共通の生活課題，福祉課題に対し，地域社会自らが組織的に取り組み，解決に結びつけていく過程を支援する専門職員です。地域住民からのさまざまな相談や調査活動によって地域の福祉課題を把握し，課題解決に向けての広報や組織活動，ボランティア活動など住民の主体的な福祉活動の支援，新たな福祉サービスの企画・実施と評価などを行います。」

　同様に児童民生委員についても，その機能を理解しておく必要があります。「事例を理解するために」という目的だけでなく，地域社会資源については，より多くの情報と知識を有することが求められます。特に社会福祉協議会や児童民生委員といったフォーマルな社会資源は，その機能に地域性等も付与されている場合も考えらえるものの，法制度に規定される基本的な業務を含めた社会的な役割については，正しい理解を有することが求められます。

　地域の実情を把握する，つまり地域アセスメントを実施する際には，その対象地域の圏域により得られるデータの質と量が異なることを再確認しましょう。今回の事例のように，特定の地域のアセスメントを行う場合は，より具体的な情報と質的・事例的にニーズを把握することが重要です。何のための地域アセスメントなのか，分析結果をどのように支援や課題の解決・解消へ活用するのか，また，それらの一連のプロセスに地域住民はどのように参画するのか，以上の点について十分に検討を行った上で実態把握のための調査を実施することが求められます。

注
(1)　大橋謙策・白澤政和編『地域包括ケアの実践と展望』中央法規出版，2015年，8頁。

参考文献

日本社会福祉士会編『ネットワークを活用したソーシャルワーク実践』中央法規出版，2013年。
日本社会福祉士会編『地域共生社会に向けたソーシャルワーク――社会福祉士による実践事例から』中央法規出版，2018年。
山口稔ら『地域福祉とソーシャルワーク実践　実践編』樹村房，2009年。

9

アセスメントの実施と地域ニーズの分析
——地域を基盤としたソーシャルワークの展開②

ね　ら　い

　第8節，また本節，そして第10節では，第1・2章で学んだ地域（コミュニティ）に関する基礎的な知識，また地域課題の発見とその解決，問題の軽減に向けたアプローチ方法とソーシャルワーク実践について事例を用いてより実践的に理解を深めることを目的とします。

　本節では，地域（コミュニティ）に対する実際的なアセスメントの実施と地域ニーズの分析について，主として第2章での学習を踏まえて実践的な理解を深めます。事例に登場するソーシャルワーカーの立場で，どのようなソーシャルワーク技術と知識を活用すればよいのかを考察しながら事例を読み進めてください。

ワ　ー　ク

1．まず，次の事例をよみましょう。

事　例

　社会福祉協議会の福祉活動専門員であるＡ（25歳，男性）は，数軒の高齢者宅への聞き取りが効果を得られなかったこと，また自治会長への聞き取りでは，地域の児童民生委員のＢさんが懸念しているような地域課題に対する理解が共有されていないことをＢさんへ伝えました。するとＢさんは，現在の自治会長は就任後まだ間もなく，前自治会長から引き継ぎを受け，手探りで地域の行事をきりもりしているため余裕がない状態であるとの評価でした。また，前自治会長に対しては，一人暮らしのお年寄りや，他地域から転入してきた住民への自治会活動への積極的な働きかけを打診していたものの，参加している人を中心に会運営を考え，「参加しない人は放っておけばよい」とのスタンスであったため，働きかけや（住民の関係性の希薄化といった）地域課題の共有はあきらめていたとのことでした。Ｂさんは，個人的な活動として，つまり地域課題の共有が図れない自治会の補助金を用いずに，地域の「ふれあい・いきいきサロン」を始めようと考えているとのことでした。

　Ａは，Ｂさんの地域に対する熱意に感銘を受けるとともに，孤軍奮闘するＢさん自身のことが心配になりました。自治会長をはじめ，地域住民の協力を得るために，何より，Ｂさんが懸念する地域課題（住民関係の希薄化と孤立化）の把握のために，関係機関等の協力を得て，該当地域に関する情報収集を行いました。

該当地区基礎情報	350世帯　　　　　　　　　高齢化率24％（市全体15％） 高齢世帯50世帯　　　　　　高齢一人暮らし世帯20世帯 介護保険受給者26名　　　　一人暮らし要介護高齢者15名	
カテゴリー	状　　況	
地域住民の状況	・一人暮らし高齢者のほとんどが外出をほとんどしない，もしくはできない状況にある。食事は，通所介護やスーパーの宅配サービスを利用している。 ・転入者の中には以前社会福祉施設で勤務し，介護経験のある人，家族の介護経験のある人がいる。 ・一人暮らし高齢者の重度の肢体不自由を伴う人が2名おり，地域のかかわりを拒否している。 ・転入者の中に，民生委員の活動をよく理解している人がおり，地域活動への参加にも前向きである。 ・最近該当地域に越してきた30代の女性が，仲間とともに子育てのNPOを立ち上げようとしてBさんに相談してきた。 ・長年地域の祭り等において人々をけん引してきた80代の男性（元大規模農家）は，脳梗塞の後遺症により自宅に引きこもりがちである。	
地域の社会資源	・2年ほど前に認知症対応型グループホームが1件でき，最近になって小規模多機能型居宅介護施設1件（別々の法人等）ができた。 ・宅配を依頼できる（地域唯一の）スーパーが1件ある。地域住民のほとんどがこのスーパーを利用している。 ・路線バス等公共の交通機関はない。 ・地域に民生委員が2名いる。そのうち1名がBさんであり，もう1名は女性である。2人の民生委員は必要な情報が共有できる関係にある。 ・高齢者ふれあいデイサービスを民生委員と昔ながらの住民が中心となって社会福祉協議会の支援のもと実施しており住民に好評である。転入者の参加はなく，使用している建物から追加の参加を受け入れるのは難しい。 ・元児童民生委員を務めていた人が，福祉協力員として地域において頼れる存在となっている。	
自治組織の状況	・地域内に学校や公共施設はないが，昔なじみの公民館がある。 ・自治会の行事のほとんどは公民館内，公民館のグランドで実施されている。 ・自治会への転入者の加入は少ない。地域の全世帯のうち約半数が転入者であり，自治会未加入者である。	

	・自治会に加入している世帯主の65％が65歳以上の人であり，自治会活動に参加する人もほとんどが高齢者である。 ・子どもを対象とした行事は対象者がいないため実施されていない。 ・自治会活動に参加している人の結束力は強く，開催される行事への参加者は固定されている。
その他情報	・地域を県内最大級の河川が東西に分断しており，河川に並行するように走る国道，また国道沿い，また河川沿いに住宅が立ち並んでいる。地域の中で河川が大きく蛇行している区域があり，そこは過去に何回か河川氾濫による水害被害が発生している。 ・地域の北部は坂道が多く，特に急こう配のある地区では，少しでも雪が降った際には，車はもちろん，自転車なども使用することは困難な場所があった。北部には豪雨等により崖崩れを起こした場所がある。 ・高齢政策課からの情報により，該当地域の河川周辺は市の浸水危険地域に指定されており，自治会に対して災害対応のマニュアル作成を推進しているもののまだできていない。

2．社会福祉協議会の福祉活動専門員であるAにより収集された上記の情報は，どのような方法で入手することができるでしょうか。グループメンバーで協議し，カテゴリーごとにその方法を提案してみましょう。

カテゴリー	収集方法
基本情報	市の高齢政策課担当者からの聞き取り
地域住民の状況	
地域の社会資源	
自治組織の情報	
その他情報	

3．収集された情報から該当地域の課題を明確化しましょう。また，その課題の解決，もしくは軽減のために必要な対策について検討し，結果を記載しましょう。

課　題	
対　策	

160

3 解説とまとめ

　地域において懸念される問題・課題がある場合，その問題や課題の背景にある原因について明確化し，適切な情報に基づく分析と対応策を考える必要があります。地域の問題・課題は，災害・防災といった地域住民全体に及ぶような顕在化したものである場合と，少数の高齢者や障害者の地域における孤立等，ごく一部の住民の"生きづらさ"や安心感の喪失といったことから端を発する住民相互の関係の希薄化がその背景となっている問題・課題のように，潜在化し，その把握が後手に回ってしまうようなものが考えられます。地域住民に共通し，住民が自覚できる問題・課題についてはもちろん，個人や少数の住民が抱える問題・課題が，その地域全体で共有されるべき問題・課題の可能性があることを念頭に，ミクロ，メゾ，マクロの視点をもってアセスメントを進める必要があります。

　地域に対するアセスメントを実施する際には，行政にかかわる各課等の特質を踏まえ，多面的に情報収集を行う必要があります。支援計画の立案や実施において，関係機関との協働，連絡の必要性は言うまでもありませんが，地域アセスメントの段階において協力関係のもと，必要な情報を共有することが大切です。また，公的機関のみならず，地域に点在する社会資源への情報収集に向けた働きかけと協力の依頼も重要です。住民生活の延長上にある各フォーマル，インフォーマルな社会資源からの実際的な情報の提供，またその地域の住民性や住民の関係性などを丁寧に聞き取ることは，地域の実態を捉えるうえで必要不可欠な情報となります。

　アセスメント分析に基づき抽出された地域の問題・課題を解消，軽減させるための目標（対策）を考える際には，それぞれの優先順位と関連性を考慮する必要があります。また対策は，より現実的でなければ意味がありません。抽象的な対応ではなく，適切なアセスメントから導き出された具体的な課題に対し，より実行力のある"できる対応"をその地域性や社会資源の有無，地域住民の意識等を考慮し作成する必要があります。地域をエンパワメントするための具体的方策を提案することが求められます。

参考文献

日本社会福祉士会編『ネットワークを活用したソーシャルワーク実践』中央法規出版，2013年。
日本社会福祉士会編『地域共生社会に向けたソーシャルワーク——社会福祉士による実践事例から』中央法規出版，2018年。
山口稔ら『地域福祉とソーシャルワーク実践　実践編』樹村房，2009年。

10 ネットワーキングとコーディネーション
—— 地域を基盤としたソーシャルワークの展開③

1 ねらい

　第8・9節，また本節では，第1・2章で学んだ地域（コミュニティ）に関する基礎的な知識，また地域課題の発見とその解決，問題の軽減に向けたアプローチ方法とソーシャルワーク実践について事例を用いてより実践的に理解を深めることを目的とします。

　本節では，地域（コミュニティ）に対するプランの実践，またその中で求められる社会資源の活用・調整・開発，ネットワーキングとコーディネーションについて，主として第2章での学習を踏まえて実践的な理解を深めます。事例に登場するソーシャルワーカーの立場で，どのようなソーシャルワーク技術と知識を活用すればよいのかを考察しながら事例を読み進めてください。

2 ワーク

1．まず，次の事例を読みましょう。

事　例

　社会福祉協議会の福祉活動専門員であるＡ（25歳，男性）は，地域アセスメントの結果から，①該当地域において一人暮らしの高齢者が多くいること，また②それらの高齢者の他者との交流の機会が極端に少ないこと，そして③交流の機会の一つとなるべき自治会，またその行事が閉塞性を持っており，転入者を含めた地域住民のために機能していないこと，最後に④地域全体を対象とした避難訓練ができておらず，災害に対するリスクが多いこと，以上をまとめ，社会福祉協議会の上司，また民生委員のＢさん，そして自治会長へ報告しました。
地域アセスメントに基づく本地域の課題（優先順により整理）

課題	1．地域全体を対象とした避難訓練等災害（特に河川の氾濫）等に対するリスク管理ができていない 2．一人暮らし高齢者を地域で見守る体制が整っていない 3．自治会の高齢化と担い手の不足

　報告を受けた自治会長，そして児童民生委員Ｂさんは，該当地域の河川周辺は市の浸水危険地域に指定されており，かつて崖崩れを起こしていることを理解しつつも，どのように対策を図っていったらよいのかが分からないまま，時間が過ぎてしまったと後悔を口にしていました。

162

これまでにも地域の防災訓練は実施してきたものの，参加しているのは，訓練を行う会場となっていた地域の公民館の周辺住民のみであり，一人暮らしの高齢者はもとより，河川周辺の水害被害リスクの高い人々が参加しておらず，地域全体での訓練は実施に至っていないということでした。市の防災担当課の職員からは，地域住民同士が協力できるような「地域防災マニュアル」を自治会にてぜひ作成してほしいという要望が出されました。

　これらを受け，三者（福祉活動専門員A，自治会長，児童民生委員Bさん）の間では，河川の周辺に一人暮らしの高齢者の住居があることから，すぐにでも対策を具体化しなければならないとの考えを共有することができました。

　Aは，災害に対して地域住民全体の安全対策を具体化しなければならないという思いと同時に，この機会を有効に活用し，高齢者，特に一人暮らしの高齢者の地域での見守り体制づくり，それらの体制においてもともと地域に住んでいる人々と転入者との交流，関わり合いの機会づくりを進めることができるのではないかと考えました。

　地域における防災避難マニュアルの作成には，地域住民の協力と参画が欠かせません。Aは地域アセスメントから得られた情報を改めて見返すことにしました。これまで，古くからの住民と転入者との交流の機会はありませんでした。Aは，自治会による行事や交流の機会が両者の関係性構築に機能しなかった原因は，共通課題や目標の共有が図られていなかったことであると考えました。そのため，Aは災害リスクの共有と防災避難マニュアルの作成，それらを通じて高齢者や社会的な支援が必要な住民への意識を持つことを目的に，まずは「地域懇談会」を開催し，地域住民への情報提供と意見交換，住民相互のコミュニケーションの機会を創出することとしました。

2．福祉活動専門員Aの立場で，自治会長をはじめとする地域住民に示す課題に対する具体的対策案についてグループでの話し合いを基に提示してみましょう。

地域の課題
1．地域全体を対象とした避難訓練等災害（特に河川の氾濫）等に対するリスク管理ができていない
2．一人暮らし高齢者を地域で見守る体制が整っていない
3．自治会の高齢化と担い手の不足
課題に対する具体的対策案

3. 上記に示した具体的対策案について，その実施に向け協力を依頼する必要のある社会資源について，グループでの話を基に提示してみましょう。

具体的対策案	協力依頼が必要となる社会資源

4. 該当地域の課題の解消に向けて具体的な対策を実施するためには，様々な立場の地域住民の協力と賛同を得る必要があります。住民相互の関係性，ネットワークの構築のためにどのような働きかけが必要であり有効でしょうか。グループでの話し合いを基に提示してみましょう。

地域住民への働きかけの方法

3　解説とまとめ

　本事例は，地域の児童民生委員からの「地域住民の関係性希薄化」に関する相談を受けたソーシャルワーカーが地域ニーズの調査を実施し，地域住民の組織化，また既存の組織の再機能化を試みようとした事例です。

　自治会組織は，地域住民による主体的な支え合いの活動であるといえます。その地域の歴史的，文化的な背景により地域性をもった活動ということができますが，事例にみるように，多くの住民が問題や課題を確認，自覚しながらもそれらに対応できずにいることも考えられます。そのような場合にソーシャルワーカー（本事例では社会福祉協議会福祉活動専門員）が住民の間に入って地域課題の改善に向けた調整やネットワークの構築を支援します。その地域の問題や課題がどのようなものなのか，またそれらの問題や課題はその地域で暮らす人々の日常生活にどのような影響を及ぼすのかを十分に検討する必要があります。その分析の精度を高めるために丁寧な地域アセスメントが必要となります。

　明確化した地域の問題・課題に対して，その解消・軽減に向けたより具体的な対策を検討することとなります。その場合，その地域の関係者，関係機関，そしてフォーマル・インフォーマルな社会資源の活用が重要です。本事例の中でも，「災害のリスクの回避」を地域の共通の課題とし，「高齢者を支える仕組みづくり」，また「地域住民の関係性の希薄化の解消」を共通課題の解消を通じて試みる取り組みが実践される中で，地域の自治会長，また児童民生委員，市の担当課等，関係者のネットワークの形成に向けた働きかけを行っています。社会福祉法で示されているように，主体となる住民を軸に，ソーシャルワーカーは地域懇談会等のツールを活用しコーディネーションを図り，問題解決に向けた，また予防的なソーシャルサポートネットワークの形成を意図的に構築することが求められているのです。

参考文献

日本社会福祉士会編『ネットワークを活用したソーシャルワーク実践』中央法規出版，2013年。
日本社会福祉士会編『地域共生社会に向けたソーシャルワーク――社会福祉士による実践事例から』中央法規出版，2018年。
松岡克尚『ソーシャルワークにおけるネットワーク概念とネットワーク・アプローチ』関西学院大学出版会，2016年。
山口稔ら『地域福祉とソーシャルワーク実践　実践編』樹村房，2009年。

11 多くの問題を抱える家族の把握
——総合的・包括的なソーシャルワークの展開①

1 ねらい

　第11～14節では，これまで学んできた個人，グループ（集団），地域（コミュニティ）を対象とした各技術を踏まえて，「多くの問題を抱える家族」に関する事例を用いて，複合的な問題に対して，どのようにそれらの専門知識・技術を横断的・総合的に活用していくのかという視点を理解することができるようになることをねらいとして，「総合的かつ包括的な相談援助（ソーシャルワーク）」の具体的な展開について学んでいきます。

2 概　念

　「総合的かつ包括的な相談援助（ソーシャルワーク）」は，本章の概念でも学んでいただいたように，ソーシャルワーク理論の統合化（主要なソーシャルワークの方法論であったケースワーク，グループワーク，コミュニティワーク等を融合させながら知識・技術・価値等の一体化・体系化していく取り組み）によって確立されてきた「ジェネラリスト・ソーシャルワーク」を理論的な基盤としています。

　この「総合的かつ包括的な相談援助（ソーシャルワーク）」において理論的基盤となっている「ジェネラリスト・ソーシャルワーク」の特質には，「点と面の融合」「本人主体」「ストレングスパースペクティブ」「システム思考とエコシステム」「マルチシステム」などが挙げられます。[1]「点と面の融合」とは，対象となるクライエントを「個」として捉えるのではなく，環境として存在している「地域」とを一体的に捉え，その相互作用を踏まえて一体的に働きかけるというものです。「本人主体」とは，取り組みの主体としてのクライエントがソーシャルワークの過程に参画していくことを目指しており，そのために本人や環境が持っている「ストレングス」を最大限活用していこうとする「ストレングスパースペクティブ」が重視されています。そして「システム思考とエコシステム」とは，クライエント本人を取り巻く環境における相互作用をシステムとして捉え，それらを相互の影響を重視して支援に活かしていこうとする考え方であり，「マルチシステム」とは，そのシステムを踏まえてクライエント本人のみ単体で捉えるのではなく，クライエントを取り巻く家族や近隣の人々，所属する集団など複数の人々や社

会資源で構成される相互作用を支援に活用していこうとするものです。これらを実践的に活用していくことによって、「個」を支える「地域」を作ることに繋がっていきます。

3 ワーク

1. まず、次の事例を読みましょう。

--- 事 例 ---

地域包括支援センターの社会福祉士に、担当地域のMさん（65歳、男性）から次のような相談がありました。「最近実家の父親（Nさん、90歳）の物忘れが激しく、散歩に出かけて帰って来られなくなったりすることが多くなって警察沙汰などトラブルになっている、とのことです。

また、介護してくれていた母親（Kさん、85歳）も家の中で転倒してから腰痛が悪化して立てないこともしばしばあるような状況で、とても対応ができるような状態ではありません。自分は隣町で暮らしていて、以前はそうした際には駆け付けていたが、最近は妻が亡くなったことや経営している会社での仕事で忙しく、父親のトラブルがあっても以前のようにはできなくなった」との話でした。また、Mさん自身も心身の調子が最近あまりよくない状況で、夜眠れないことも多くなってきているということでした。

Mさん自身は、障害を持つ長男S（19歳）、長女T（14歳）との3人暮らしです。妻のYさんは1年前に亡くなっています。Sさんは、知的障害があり療育手帳1級を所持しており、障害支援区分5です。数年前より地元の民生委員の薦めで、就労継続支援B型事業所を利用するようになりました。しかし最近は、事業所での作業に集中できない状態が続き、周囲の利用者とのトラブルも頻繁になるなど、安定していない状態が続いています。

Tさんも、母の亡くなった1年前から、兄の介護も含めて家事の多くを行ってきましたが、最近は体調を崩すことも多くなり、学校も休みがちになってきています。中学校の担任やスクールソーシャルワーカー、友人からも連絡があったが、不登校状態は変わっていません。

Mさんの実家は、Nさんが木工職人でKさんが地元の総菜関係の仕事で生計を立ててきました。Nさんは地元の木工職人会でKさんは地域の婦人会に参加し、活発に交流してきたが、最近はそれぞれの会での交流はあまりない状況で、さらにKさんの体調が悪化してからは、ほとんど近所の人々との関わりもなくなってしまいました。Mさんの会社も別の地域にあるため、ほとんどこの地域での交流はない状態となっています。

こうした中で、最近のNさんの徘徊が頻繁になってきたが、Kさんは対応することができず、Mさんも体調が悪化して駆けつけることができない状況となっていました。見かねた町内会の会長が担当区域の民生委員とも話し合って、何か対応した方がよいのではないかとMさんに持ち掛け、今回の地域包括支援センターへの来所となった経緯があります。

センターでは、こうした話や各所からの情報を持ち寄り、多くの課題を抱える家族の問題として今後の支援方針を検討していくこととなりました。まずは、この家族メンバーに関わりのある関係諸機関における担当者（地域包括支援センターの社会福祉士、市の高齢福祉課・障害者福祉課・児童家庭支援課職員、担当区域のケアマネジャー、就労継続支援B型事業所の就労支援員、中学校に配置されているスクールソーシャルワーカー、担当区域の民生委員等）に集まっていただき、連携会議を開催することとなりました。

2．ケースワークの事例で学んだ技術を活用して，家族の状況についてジェノグラムを書いてみましょう。

ジェノグラム	

3．ケースワークの事例で学んだ技術を活用して，家族の状況や周囲との関係性についてエコマップを書いてみましょう。

エコマップ	

4．「2.」「3.」のワークを踏まえて，家族の状況や関係性について説明してみましょう。

4　解説とまとめ

　「2.」「3.」のワークにおいて，家族メンバーそれぞれの状況や関係性に関して，ケースワークで学んだジェノグラムやエコマップを活用して客観的に分析していただき，その分析結果を「4.」のワークにおいて文章にて整理していただきました。

　このように「家族の状況や関係性」に関して整理していくことによって，より「総合的かつ包括的な相談援助（ソーシャルワーク）」の特質における「点と面の融合」の視点からの分析力を高めることに繋がるものとなります。

　「点と面の融合」は，個々に生じている課題は，クライエントとその環境との不調和から生じているものとして捉え，それらを相互作用のある一体的なシステムとしてはたらきかけていくというものです[2]。したがって，家族に生じている多様な課題がどのような相互作用やシステムの不調和によって生じているかについて，より客観的に分析していくことが求められています。そしてソーシャルワーカーはこれらの分析をもとにして，Mさんと家族，そして家族を取り巻いている環境を一体的に捉えてはたらきかけていくこととなります。

注
(1)　岩間伸之「地域を基盤としたソーシャルワークの特質と機能――個と地域の一体的支援の展開に向けて」『ソーシャルワーク研究』37(1)，2011年，12頁。
(2)　社会福祉士養成講座編集委員会編『相談援助の基盤と専門職　第3版』（新・社会福祉士養成講座⑥）中央法規出版，2015年，179頁。

参考文献
岩間伸之「地域を基盤としたソーシャルワークの特質と機能――個と地域の一体的支援の展開に向けて」『ソーシャルワーク研究』37（1），2011年。

岩間伸之・白澤政和・福山和女編著『ソーシャルワークの理論と方法Ⅱ』ミネルヴァ書房，2010年。

社会福祉士養成講座編集委員会編『相談援助の基盤と専門職　第3版』（新・社会福祉士養成講座⑥）中央法規出版，2015年。

社会福祉士養成講座編集委員会編『相談援助の理論と方法Ⅰ　第3版』（新・社会福祉士養成講座⑦）中央法規出版，2015年。

田中英樹・中野伸彦編著『ソーシャルワーク演習のための88事例――実践につなぐ理論と技法を学ぶ』中央法規出版，2013年。

12 本人主体のサポートシステムの形成
——総合的・包括的なソーシャルワークの展開②

1 ねらい

　本節では，「本人主体」（取り組みの主体としてクライエントを捉え，その支援展開への参画や多様性の尊重から，クライエント自身のエンパワメントを進めていくという視点です）の視点や「ストレングスパースペクティブ」（クライエント本人が本来持っている考えを含めた強みを活かし，クライエント本人に合致したサポートシステムを形成させていこうとするものです）の視点を理解していくことをねらいとしています。

2 ワーク

1．まず，第11節の事例と次のその後の展開を読みましょう

─ 事　例 ─

　連携会議では，各担当者から，家族メンバーへの支援状況に関する報告がなされ，情報の共有が図られました。その中で家族メンバーについて明らかになってきたのは，次のような点です。

　Nさんは，5年前まで木工職人会で会長を務めており，市の木工技術の振興を図るための組織づくりに尽力していたようです。またKさんも，婦人会で地元の食材を使った料理教室を毎月開催するなど，夫婦共に地域での活発な活動や交流が行ってきていたとのことです。その状況が一変するのは，Nさんが会長職を退任して木工の仕事を離れたことやKさんの体調が悪化してきたことに加え，頻繁に来て生活の様々な面で面倒を見てくれていたMさんの妻Yさんが亡くなったことなどが，重なって起きた頃からであるとのことでした。

　そうした中でも，家族思いのMさんは懸命に働いて家計を支えながら，両親や子どもたちの問題にも積極的に向き合おうとしてきたようです。特に障害を持つSさんが興味を示してきた絵を描くことや音楽が好きなTさんのために出来る限り良い環境を作ろうと，通っている教室に近い現在の場所に引越しをしてきたようです。

　SさんやTさんはとても喜び，積極的に教室にも通っていたが，母親であるYさんが亡くなってから，生活のことに追われて徐々に関わりを持つ時間が減っていったとのことです。

　特に忙しい父母に代わって積極的にSさんの面倒を見てくれていたTさんは，大好きだった音楽に関わっている時間だけでなく，周りの人ともうまく交流できなくなりその意欲もなくなっていったようです。

2．第11節と本節の事例を読んで，家族メンバーに生じている主な課題とそのメンバーの持つ主なストレングスを挙げてみましょう。

家族メンバー	主な課題	主なストレングス
Mさん （相談者・父親）		
Nさん（祖父）		
Kさん（祖母）		
Sさん（長男）		
Tさん（長女）		

3．本事例について，「2．」で挙げた家族メンバーの中からグループワークを行うこと が効果的であると思われるメンバーを特定し，そのストレングスを活かしたグループ ワークのプログラムを構想してみましょう。

プログラム名	
対象メンバー	
期間及び頻度	
援助目標	
援助内容	

3　解説とまとめ

　「2.」のワークにおいては，事例における家族メンバーそれぞれの課題とともに「ストレングス」に関しても整理していくことによって，より「総合的かつ包括的な相談援助（ソーシャルワーク）」の特質における「本人主体」や「ストレングスパースペクティブ」の視点からの分析力を高めることに繋がるものとなります。特にジェネラリスト・ソーシャルワークでは，こうした点を把握した上で「クライエント自身が自分で問題解決できるようにソーシャルワーカーは何をすべきか」という視点[1]が重要視されています。

　「3.」のワークにおいては，事例における家族メンバーに生じている課題に対して，その「ストレングス」を活かしたグループワーク」」に関して整理していくことによって，より「総合的かつ包括的な相談援助（ソーシャルワーク）の特質における「本人主体」や「ストレングスパースペクティブ」の視点からの実践力を高めることに繋がるものとなります。

　特に，グループワークにおけるプログラムでは，個人またはグループの目標をどのように選定し，グループワークプログラムの持つ様々な機能（社会化的機能・教育的機能・支援的機能・成長的機能・治療的機能[2]）を踏まえてどのような機能を重視したプログラムを展開するのかといった具体的な展開を構想する力が求められています。

注

⑴　社会福祉士養成講座編集委員会編『相談援助の基盤と専門職　第3版』（新・社会福祉士養成講座⑥）中央法規出版，2015年，182頁。

⑵　保田井進ら編著『福祉グループワークの理論と実際』ミネルヴァ書房，2010年，63頁。

参考文献

岩間伸之・白澤政和・福山和女編著『ソーシャルワークの理論と方法Ⅱ』ミネルヴァ書房，2010年。

社会福祉士養成講座編集委員会編『相談援助の基盤と専門職　第3版』（新・社会福祉士養成講座⑥）中央法規出版，2015年。

社会福祉士養成講座編集委員会編『相談援助の理論と方法Ⅰ　第3版』（新・社会福祉士養成講座⑦）中央法規出版，2015年。

田中英樹・中野伸彦編著『ソーシャルワーク演習のための88事例——実践につなぐ理論と技法を学ぶ』中央法規出版，2013年。

保田井進・硯川眞旬・黒木保博編著『福祉グループワークの理論と実際』ミネルヴァ書房，2010年。

13 「個」を支える「地域」の形成
——総合的・包括的なソーシャルワークの展開③

1 ね ら い

　本節では，「システム思考とエコシステム」（クライエント本人を取り巻く環境における相互作用をシステムとして捉え，それらを相互の影響を重視して支援に活かしていこうとする考え方）や「マルチシステム」（クライエント本人のみ単体で捉えるのではなく，クライエントを取り巻く家族や近隣の人々，所属する集団など複数の人々や社会資源で構成される相互作用を支援に活用していこうとするもの）を理解し，これらを実践的に活用していくことによって，「個」を支える「地域」を形成する過程を学んでいくことをねらいとしています。

2 ワ ー ク

1．まず，第11・12節の事例のその後の展開を読みましょう。

　┌─ 事　例 ─────────────────────────────────

　　初回の連携会議以降，連携会議は毎月定期的に開かれてきました。3カ月目の第3回連携会議では，各担当者から，その後の家族メンバーへの支援状況に関する報告がなされ，情報の共有が図られました。その中で，家族メンバーについて明らかになってきたのは，次のような点です。

　　Tさんは，市内の病院に受診して軽度の認知症（脳血管型）があるとの診断を受け，通院しながらの療養生活に入っているが，徘徊や妄想といった周辺症状が悪化しているようでした。地域包括支援センターでも，市の高齢者福祉課や担当ケアマネジャーとの協力を得て，市内の認知症対応のデイサービスセンターへの通所を働きかけてきたが，1度利用して以降は本人の拒否感が強く，継続した利用には至っていません。また介護を行うTさんやMさんにも，市内で行われている認知症介護者のための講習会への参加を呼びかけたが，両者共に公的機関にお世話になることへの罪悪感が強く，忙しさもあって参加には至りませんでした。

　　さらに，Mさんは子どもたちのことについても，公的なサービスの利用には抵抗感が強くあったようです。市の障害者福祉課や就労支援事業所の担当者が提案したSさんの他の施設等でのサービス利用や，スクールソーシャルワーカーが提案したTさんの適応指導教室等への相談といった公的なサービス利用や相談についても難色を示し，利用には至っていません。

　　こうした状況や経緯から，会議では，この家族全体の問題状況の背景には，病気や障害といったことへの無理解や公的サービスを受けていくことへの拒否感や罪悪感，地域との交流の少ない現状といったものがあるのではないかという認識が共有されました。これを打開する有効

な手段として考えられたのが，公的機関よりももっと利用しやすく身近にある民間機関によるサービスや地域におけるインフォーマルな資源によるものへの利用や参加を促していくというものでした。

　各担当者はこの会議の結果を持ち帰り，この方向性に沿った該当する地域での資源状況や利用状況，サービス内容などを洗い出し（資源のない場合はその開発も視野に入れるものとして），家族への利用を促していくこととなりました。

2．第11～13節の事例における各家族メンバーに対して，効果的であると思われる働きかけや社会資源について挙げてみましょう。

家族メンバー	働きかけ・社会資源
Mさん （相談者・父親）	
Nさん（祖父）	
Kさん（祖母）	
Sさん（長男）	
Tさん（長女）	

3.「2.」のワークで提示した各家族メンバーに対する社会資源について，フォーマルな社会資源とインフォーマルな資源に分類整理しながらそれぞれの資源同士の連携等についても記入してみましょう。

フォーマル	インフォーマル
〈公的機関の専門職・準専門職等の社会資源〉	〈家族や親族・友人等の社会資源〉
〈民間機関の専門職・準専門職等の社会資源〉	〈ボランティア・近隣住民等〉
社会資源間の連携の方法や方向	

3　解説とまとめ

　前項「2.」のワークにおいては，「働きかけや社会資源」に関して整理していくことによって，より「総合的かつ包括的な相談援助（ソーシャルワーク）」の特質における「システム思考とエコシステム」の視点からの分析力を高めることに繋がるものとなります。「システム思考とエコシステム」の視点では，人と環境とをシステムとして一体的に捉えることや，組織や地域といった社会資源も含めたシステム間の相互作用を意識化していくことが求められています。[(1)]

　前項「3.」のワークにおいては，家族を取り巻く環境全体に目を向けて整理していくことによって，より「総合的かつ包括的な相談援助（ソーシャルワーク）」の特質における「マルチシステム」の視点からの分析力を高めることに繋がるものとなります。「マルチシステム」の視点では，援助の対象を関係する複数の人で構成されるものとして捉える視点やそれらの相互作用を促進することで援助を行っていくという視点が求められます。[2]

　これらの「システム思考とエコシステム」や「マルチシステム」を構築していく上で重要なのが，これまで学んできた「社会資源の活用・調整・開発」や「チームアプローチ」「ネットワーキング」といったコミュニティソーシャルワークで活用されている技術等になります。それらの技術を最大限に活用して家族間や地域との間に相互作用が働くよう環境を整えていくことによって，「個」を支える「地域」を作っていくことが，「総合的かつ包括的」な支援としていく上で重要になります。

　特に，本事例において重要な視点の一つとして，Mさん家族が持っている公的サービスに対する拒否感や罪悪感など，利用を妨げている要因を取り除くための働きかけや社会資源をどのように各家族メンバーの身近な環境に用意していくことができるのかという視点が挙げられます。

　そしてそれらの「社会資源間の連携の方法や方向性」をどのようにしていくのか，そこで生じる相互作用にも目を向けながら支援策や社会資源を繋いでいくということが求められています。そしてこれらを実践的に活用していくことによって，「総合的かつ包括的」な支援を実現するために重要な「個」を支える「地域」を作ることに繋がっていきます。

注

(1)　社会福祉士養成講座編集委員会編『相談援助の基盤と専門職　第3版』（新・社会福祉士養成講座⑥）中央法規出版，2015年，180頁。

(2)　同前書，185頁。

参考文献

岩間伸之・白澤政和・福山和女編著『ソーシャルワークの理論と方法Ⅱ』ミネルヴァ書房，2010年。

社会福祉士養成講座編集委員会編『相談援助の基盤と専門職　第3版』（新・社会福祉士養成講座⑥）中央法規出版，2015年。

社会福祉士養成講座編集委員会編『相談援助の理論と方法Ⅰ　第3版』（新・社会福祉士養成講座⑦）中央法規出版，2015年。

田中英樹・中野伸彦編著『ソーシャルワーク演習のための88事例——実践につなぐ理論と技法を学ぶ』中央法規出版，2013年。

14 家族全体に対する支援プランの作成
——総合的・包括的なソーシャルワークの展開④

1 ねらい

　これまで「総合的かつ包括的な相談援助（ソーシャルワーク）」において理論的基盤となっている「ジェネラリスト・ソーシャルワーク」の特質には，「点と面の融合」「本人主体」「ストレングスパースペクティブ」「システム思考とエコシステム」「マルチシステム」など「ジェネラリスト・ソーシャルワーク」の特質について，具体的な事例やワークを用いて学んでいただきました。

　本節では，それらの学びを踏まえた上で，家族全体に対する支援プランを作成していただきたいと思います。まず支援の中心的な課題や方向性を検討し，その課題を克服していくために必要な長期目標や短期目標を定めていくことを通して，本人・家族メンバーの役割や支援者・機関等の役割を整理した具体的な支援プランが作成できるようになることをねらいとしています。

2 ワーク

１．第11〜13節の事例について，これまでのワークを踏まえて家族全体に対する「支援の中心的な課題」を設定し，その課題に対する「支援の方向性（支援の具体的な方法や流れ等）」を検討してみましょう。

支援の中心的な課題

支援の方向性（支援の具体的な方法や流れ等）

178

2．「1．」を踏まえて家族全体に対する「支援の長期目標」を定めてみましょう。

長期目標

3．「2．」で立てた家族全体に対する支援の長期目標に対して，それらを実現するための短期目標を定め，担当者及び本人・家族メンバーの役割を整理したプランを作成してみましょう。

短期目標	具体的な活動や方法等	本人・家族メンバー・支援者・機関等の役割
①　Mさん （相談者・父親）		
②　Nさん（祖父）		
③　Kさん（祖母）		
④　Sさん（長男）		
⑤　Tさん（長女）		

3 解説とまとめ

　第11〜13節におけるワークにおいては，「ジェネラリスト・ソーシャルワーク」の各視点に対する分析力を高めることを主眼にして，事例に対する分析や考察の展開を進めていただきました。本節のワークにおいては，それらの分析力を活用して「家族全体の中心的な課題に対する支援の方向性」を検討し，その上で「家族に対する総合的な支援プラン」を策定していくことによって，より「総合的かつ包括的」な支援の展開力を高めることを主眼にして，事例に対する「長期目標」「短期目標」を目指した支援プランを作成していただきました。

　特に今回の前項「1.」では，家族メンバー全体に渡って生じている課題など「中心となる課題」を設定してそのために効果的な「支援の方向性」を検討していただき，前項「2.」では，家族全体あるいは個々の家族メンバーにおける「長期目標」の設定を行っていただきました。この際に重要なことは，個々の問題が様々なメンバーや環境との相互作用からも生じているのではないかという視点，家族全体の包括的な目標となっているかという視点，になります。

　こうした「各家族メンバー間において生じている相互作用」や「個々に生じている課題と環境との間に生じている相互作用」を理解していく際には，これまでの学びを振り返っていくことが重要になります。まず「家族メンバー間において生じている相互作用」については，第11節においてジェノグラムやエコマップを作成しながら把握した「家族の状況や関係性」について振り返り，その中で特に着目して介入すべきであると感じたメンバー間の関係性について考察を深めてみることが重要です。

　そして次に，「個々に生じている課題と環境との間に生じている相互作用」については，第12節において各家族メンバーの抱える課題やストレングスを確認しながら検討したグループワークのプログラム等も含めた「本人主体のサポートシステム」について振り返り，その中で特に着目して介入すべきであると感じたメンバーと環境との関係性について考察を深めてみることが重要です。これらの相互作用を理解した上で，家族に生じている円滑な相互作用を阻害している要因を取り除きながら，より円滑な相互作用となるよう配慮した目標となるようにしていくことが望まれます。

　さらに前項「3.」で取り組んでいただいた「短期目標」の設定で重要となるのは，その包括的な長期目標を達成するために必要な目標や具体的な活動や方法等を設定し，それらを本人・家族メンバーあるいは支援者・機関等の担当者など，誰がどのような役割を持って取り組むのかといった具体的な行動目標が示されているかという視点になります。その際に，家族メンバー個々の課題の解決を図りながら，前節でも理解を深めて

いただいた「マルチシステム」を構築するために必要な「ネットワーキング」や「社会資源の活用」といったコミュニティソーシャルワークで活用されている技術等によって家族間や地域との間に相互作用が働くよう環境を整えていくことが求められます。そうした視点から各家族メンバーの「短期目標」が設定されていくことによって，「個」を支える「地域」を作っていくことが，「総合的かつ包括的」な支援を行っていく上でも重要な点になります。

　これらのワーク全体を通して，基盤となる「ジェネラリスト・ソーシャルワーク」の理論や視点，技術を活用していくことによって，「総合的かつ包括的」な支援を行うソーシャルワーカーとしての実践力を高めていくことに繋がっていきます。これまで事例を通して各ワークで学んできた技術やポイントとなっている多くの視点から，クライエントの問題を多角的に捉える分析力や展開力を養っていきましょう。

参考文献

岩間伸之「地域を基盤としたソーシャルワークの特質と機能——個と地域の一体的支援の展開に向けて」『ソーシャルワーク研究』37（1），2011年。

岩間伸之・白澤政和・福山和女編著『ソーシャルワークの理論と方法Ⅱ』ミネルヴァ書房，2010年。

社会福祉士養成講座編集委員会『相談援助の基盤と専門職　第3版』（新・社会福祉士養成講座⑥）中央法規出版，2015年。

社会福祉士養成講座編集委員会『相談援助の理論と方法Ⅰ　第3版』（新・社会福祉士養成講座⑦）中央法規出版，2015年。

田中英樹・中野伸彦編著『ソーシャルワーク演習のための88事例——実践につなぐ理論と技法を学ぶ』中央法規出版，2013年。

15　ま と め──自己評価の言語化と課題の明確化を図る

1　ね ら い

　本章では，ソーシャルワークの展開における知識と実践技術を，事例を通じてより実践的に活用し，「総合的かつ包括的な相談援助（ソーシャルワーク）」の展開について理解を深めながら以下の目標を達成することを目的としてきました。

① ソーシャルワークに関する事例を用いて，個人に対するソーシャルワーク実践に関し，必要な知識と技術を言語化することができる。

② ソーシャルワークに関する事例を用いて，グループ（集団）を活用したソーシャルワーク実践に関し，必要な知識と技術を言語化することができる。

③ ソーシャルワークに関する事例を用いて，地域（コミュニティ）に対するソーシャルワーク実践に関し，必要な知識と技術を言語化することができる。

④ ソーシャルワークに関する事例を用いて，個人，グループ（集団），地域（コミュニティ）を対象とした横断的・総合的な専門知識・技術の活用を理解することができる。

　本節では，これまでの取り組みを振り返り，第3章で取り上げられた4つの事例を用いた演習を通じてどのようなことを学ぶことができたのか，また今後のより専門的な学習に向けて自己の課題はどのようなものなのかを具体的に把握していけるようにすることを目的としています。

2　概　　念

　本章では，実践事例を用いて，「総合的かつ包括的な相談援助（ソーシャルワーク）」の主要な方法論となっている「個人に対するソーシャルワーク実践」「グループ（集団）を活用したソーシャルワーク実践」「地域（コミュニティ）に対するソーシャルワーク実践」について実践における展開の過程を具体的に理解し，その上で理論的な基盤となっている「ジェネラリスト・ソーシャルワーク」の特質を踏まえて，個人，グループ（集団），地域（コミュニティ）を対象とした横断的・総合的な専門知識・技術の実践展開について具体的な理解を目指してきました。

　ソーシャルワーカーには，こうして学んだ理論と実践の視点について融合させていくことが求められています。したがって，ワークを通してその点を中心に振り返っていきましょう。

3　ワーク

１．第3章の振り返りをしましょう。シラバスや資料を参考に学習した中での学びや気づきについて，書き出しましょう。

第3章の学びと気づき

２．次に学習目標に対する評価をしましょう。第3章の学習目標に対して，獲得できた知識や技術について書き出しましょう。

学習目標	獲得できた知識・技術
①　ソーシャルワークに関する事例を用いて，個人に対するソーシャルワーク実践に関し，必要な知識と技術を言語化することができる。	
②　ソーシャルワークに関する事例を用いて，グループ（集団）を活用したソーシャルワーク実践に関し，必要な知識と技術を言語化することができる。	
③　ソーシャルワークに関する事例を用いて，地域（コミュニティ）に対するソーシャルワーク実践に関し，必要な知識と技術を言語化することができる。	
④　ソーシャルワークに関する事例を用いて，個人，グループ（集団），地域（コミュニティ）を対象とした横断的・総合的な専門知識・技術の活用を理解することができる。	

3．最後に，自己課題と対策を明確化にしましょう。第3章の学習目標に対して，課題
となったこと，またそれら課題の克服のために行うべき対策について書き出しましょう。

① ソーシャルワークに関する事例を用いて，個人に対するソーシャルワーク実践に関し，必要な知識と技術を言語化することができる。	
課　　　題	対　　　策

② ソーシャルワークに関する事例を用いて，グループ（集団）を活用したソーシャルワーク実践に関し，必要な知識と技術を言語化することができる。	

③ ソーシャルワークに関する事例を用いて，地域（コミュニティ）に対するソーシャルワーク実践に関し，必要な知識と技術を言語化することができる。	

④ ソーシャルワークに関する事例を用いて，個人，グループ（集団），地域（コミュニティ）を対象とした横断的・総合的な専門知識・技術の活用を理解することができる。	

4　解説とまとめ

　これまでの第1・2章と同様，第3章での学習を振り返り，印象に残っていることや学びについて，改めて言語化することで学習をより客観的に評価していただきました。

　特にこの第3章では，実践事例を用いて，「総合的かつ包括的な相談援助（ソーシャルワーク）」の主要な方法論となっている「個人に対するソーシャルワーク実践」「グループ（集団）を活用したソーシャルワーク実践」「地域（コミュニティ）に対するソーシャルワーク実践」について実践における展開の過程を具体的に理解し，その上で理論的な基盤となっている「ジェネラリスト・ソーシャルワーク」の特質を踏まえて，個人，グループ（集団），地域（コミュニティ）を対象とした横断的・総合的な専門知識・技術の実践展開について具体的な理解に取り組んできましたので，前項「1.」～「3.」を通してこれらの点の学びを中心に振り返っていただきました。

　振り返った内容を踏まえ，理論と実践の視点を融合させていく能力を高め，今後のさらなる専門的な実践力の向上に向けて役立てていっていただけることを願っています。

参考文献

岩間伸之「地域を基盤としたソーシャルワークの特質と機能——個と地域の一体的支援の展開に向けて」『ソーシャルワーク研究』37（1），2011年。

岩間伸之・白澤政和・福山和女編著『ソーシャルワークの理論と方法Ⅱ』ミネルヴァ書房，2010年。

社会福祉士養成講座編集委員会編『相談援助の基盤と専門職　第3版』（新・社会福祉士養成講座⑥）中央法規出版，2015年。

社会福祉士養成講座編集委員会編『相談援助の理論と方法Ⅰ　第3版』（新・社会福祉士養成講座⑦）中央法規出版，2015年。

保田井進・硯川眞旬・黒木保博編著『福祉グループワークの理論と実際』ミネルヴァ書房，2010年。

田中英樹・中野伸彦編著『ソーシャルワーク演習のための88事例——実践につなぐ理論と技法を学ぶ』中央法規出版，2013年。

あとがき

　本書は，2007年に刊行され，版を重ねてきた『はじめての社会福祉』の後継書として，新たな著者を迎え，近年の社会福祉やソーシャルワークの動向を踏まえて『はじめてのソーシャルワーク演習』として新たに書き下ろされたものです。

　刊行に至るまでには，わが国におけるソーシャルワーカーを取り巻く様々な環境の変化やそれらに伴う社会福祉士・精神保健福祉士の養成カリキュラムの改定なども重なり，構想から数年の歳月を要しました。その中で著者が最も熟考を重ねて構想したのが，本書の最大の特徴でもある「ソーシャルワークの基礎」「ソーシャルワークの展開」「ソーシャルワークの実践」の3章構成であり，多様な福祉ニーズに応じた幅広いソーシャルワークの技術を段階的に体得していけるよう構成していくことに腐心しました。

　また構成においても，「ねらい」「概念」「ワーク」「解説とまとめ」という構成を基本としており，本書を手に取って頂いた個々の学習者が学びやすいよう，また養成機関での授業や専門職者への研修といった教育者による教材としても活用しやすいよう，様々な学習・教育形態にも対応できるよう配慮しました。

　本書を手に取って頂けるすべての方々が，より多くの知識や技術を体得され，一人でも多くの福祉ニーズを持つ人々の課題が解消されていくことを願ってやみません。

　最後に，本書の執筆に関わられたすべての方々，特に前書から本書に至るまでの全ての作業に携わって頂きましたミネルヴァ書房の音田潔氏には，その労苦に一同心より感謝を申し上げます。

　2020年3月

水島正浩

索　引

著者紹介 （所属，分担，執筆順，＊印は編集委員）

＊北爪　克洋（東京福祉大学社会福祉学部准教授：第1章1・8・15，第2章12・14，第3章8〜10）

＊青木　正（東京福祉大学保育児童学部講師：第1章2・5・14，第3章2〜4）

谷口　恵子（聖学院大学心理福祉学部特任准教授：第1章3・12・13，第2章2）

中里　哲也（帝京科学大学医療科学部准教授：第1章4，第2章3・4，）

藤島　薫（東京福祉大学社会福祉学部准教授：第1章6，第2章6〜8）

田中　良幸（東京福祉大学保育児童学部講師：第1章7）

田代　幹康（東京福祉大学社会福祉学部教授：第1章9）

佐藤　惟（淑徳大学総合福祉学部講師：第1章10・11，第2章9）

＊荻野　基行（東京福祉大学社会福祉学部准教授：第2章1・13・15，第3章5〜7）

熊谷　大輔（昭和女子大学人間社会学部講師：第2章5・10・11）

＊水島　正浩（東京福祉大学社会福祉学部教授：第3章1・11〜15）

はじめてのソーシャルワーク演習

| 2020年4月10日　初版第1刷発行 | 〈検印省略〉 |
| 2023年12月20日　初版第3刷発行 | |

定価はカバーに
表示しています

編　　者	「はじめてのソーシャルワーク演習」編集委員会
発行者	杉　田　啓　三
印刷者	中　村　勝　弘

発 行 所　株式会社　ミネルヴァ書房
607-8494　京都市山科区日ノ岡堤谷町1
電話代表　（０７５）５８１－５１９１
振替口座　０１０２０－０－８０７６

ISBN978-4-623-08747-1

Printed in Japan

福祉専門職のための統合的・多面的アセスメント

渡部律子 著

Ａ５判／272頁／本体2,800円

保健・医療・福祉専門職のための スーパービジョン

福山和女・渡部律子・小原眞知子・浅野正嗣・佐原まち子 編著

Ａ５判／392頁／本体4,000円

福祉職員研修ハンドブック

津田耕一 著

Ａ５判／198頁／本体2,000円

自分たちで行う ケアマネージャーのための事例研究の方法

「かかわり続ける」ケアマネージャーの会・空閑浩人 編

Ａ５判／228頁／本体2,400円

住民と創る地域包括ケアシステム

永田祐 著

Ａ５判／228頁／本体2,500円

子どものニーズをみつめる児童養護施設のあゆみ

大江ひろみ・山辺朗子・石塚かおる 編著

Ａ５判／304頁／本体3,000円

────────── ミネルヴァ書房 ──────────
https://www.minervashobo.co.jp/